나는 서울대 합격만 하면
행복해질 줄 알았다

스물넷,
인도에서
한국까지 걷다

나는 서울대 합격만 하면
행복해질 줄 알았다

스물넷, 인도에서 한국까지 걷다

초판 1쇄	2015년 05월 18일
2쇄	2024년 07월 01일

지은이	오종석
발행인	김재홍
디자인	박상아, 오종석, 문선이, 이슬기, 박효은
마케팅	이연실

발행처	도서출판 지식공감
등록번호	제396-2012-000018호
주소	경기도 고양시 일산동구 견달산로225번길 112
전화	02-3141-2700
팩스	02-322-3089
홈페이지	www.bookdaum.com

가격	17,000원
ISBN	979-11-5622-092-3 03910

나는 서울대 합격만 하면
행복해질 줄 알았다

스물넷,
인도에서
한국까지 걷다

지식공감

　예전에, 어떻게 살아야 할지 몰라 방황하던 때의
일입니다.
　하루는 폐인 짓 하던 제가 안쓰러우셨던지, 평소
에 저를 아껴주시던 교수님께서 말씀하셨습니다.

　종석아, 젊었을 때는 누구나 방황한단다.
　다만, 누구는 티를 내지 않고 방황하고, 누구는
티를 내고 방황하는 것뿐이야.

　그랬습니다. 저는 티를 팍팍 내면서 방황하고 있
었습니다. 나 혼자만 힘든 거라고 생각하며, 주변
사람들에게 숱한 민폐를 끼치고 있었지요.

　그 후, 꽤 많은 시간이 흘렀습니다. 긴 여행에서
돌아오면 강철 같은 의지를 갖춘 어른이 될 줄 알
았는데, 실제로는 그렇지 않은 것 같습니다. 오히
려 더욱더 오지랖만 넓은 애가 된 것 같아요.

　그리고 한국에 돌아오니 왜 이렇게 쉽지 않은 세
상인지…. 저도 이제는 집에서 눈치가 보이는 나이
인데, 현실의 벽은 높기만 하네요.

그러나 지금까지 그래 왔던 것처럼 이런 것들에 굴복할 생각은 전혀 없습니다. 왜냐하면, 오늘은 제 남은 인생의 가장 첫 번째 날이기 때문입니다. 〈출처 불명〉

– 추신
이 글을 읽거든 부디 편하게 연락주렴.
그리고 너의 이야기를 들려주었으면 좋겠어.
벗과 만나 이야기하는 것은 항상 즐겁고 감사한 일이니~

이메일 gtkor2015@gmail.com

그대와 내가 먼 친척인 것 같지는 않습니다.
다만, 그대가 불의에 분노할 수 있다면
(그대의 꿈을 향해 도전할 수 있다면)
우리는 친구입니다.

– 체 게바라
(괄호는 필자가)

CONTENTS

내가 아끼는 제자 오종석 군은 꿈이 많은 청년이다. 서울대생으로서의 삶이 행복하지 않다고 느낀 그는 더 큰 꿈을 좇아 홀연 인도행 비행기에 몸을 싣는다. 너른 대륙에서 12억의 인구가 자아내는 장엄한 삶의 교향곡에서 깊은 영감을 얻고자 함이었다. 인도의 속살까지 샅샅이 들여다보고 싶은 충동에 사로잡힌 그는 생명의 위협까지 무릅쓰며 모험을 감행한다. 이 책은 스물네 살의 꿈 많은 젊은이가 스물두 달에 걸쳐 인도 전역을 누비며 겪은 갖가지 사건들로 가득 차 있다. 그의 생생한 체험담을 통해 인도를 감싸고 있는 신비의 베일이 양파 껍질처럼 하나씩 벗겨져 나간다. 인도에 직접 가볼 기회를 갖지 못한 사람들에게 너무나도 좋은 안내서가 되리라고 믿는다. 또한 꿈 많은 젊은이와 동행해 떠난 인도 여행이 독자들에게 별난 즐거움을 선사해 주기를 기대한다.

– 서울대학교 경제학부 (명예) 교수 이준구

오종석 군의 여행기는 자기 자신을 찾고자 길을 떠난 한 청년의 치열한 분투 과정의 기록이다. 인도의 대학 강의실에서, 하늘에 닿을 듯한 안나푸르나에서, 극도로 빈한한 난민촌에서 외면할 수 없는 자신의 모습을 맞닥뜨린 청년의 고민과 성찰이 고스란히 드러난다. 오종석 군은 젊은이들이 자신을 찾기 위해 때때로 먼 길을 돌아야 한다는 것, 그 길 위에서 숨을 고르면서 세상과 자신을 마주해야 한다는 것을 보여준다. 꼭 여행을 가지 않더라도, 청년에게 세상은 낯설기 마련이고 자신의 모습 역시 어색하기만 하지 않던가. 낯선 세상 깊이 들어가 자신을 찾고자 하는 이십 대 청년에게 이 책을 추천한다.

– 서울대학교 종교학과 교수 유요한

종석이의 여정 안에는 경이롭고 멋진 경험들과 함께 시시콜콜한 사유들이 가득 차 있다. 종석이는 그 여정을 나와 함께 하고자 했다. 그러나 나는 장고 끝에 그 제안을 거절했었고, 그 때의 선택이 여전히 아쉬움으로 남는다.

– 프로젝트 'Connect' 공동 발기인/ Blood Brother 김기백

인도는 진실로 알 수 없는 나라이다. 경쟁의 논리에 허우적대는 우리에게는 더더욱 그러하다. 그런 점에서 여기 한 청년의 이야기는, 어느 샌가 잊혀져버린 우리들의 '순수함'을 일깨운다. 더불어 이제는 희미해져버린 '그 누군가'를 환기시키는 것이 오늘의 나에게는 참으로 신선하다.

– 어느 한 회사원

흙먼지 가득하던 경기도 연천 전술훈련 중에 지 밥도 못 챙겨먹고 서성대던 백구십의 깡마른 동기 놈을 보면서 군대 짬밥 좀 먹은 내가 일부러 밥을 챙겨 놓지 않은 그 녀석 후임들을 욕하며 다 필요 없고, 내 밥 나랑 같이 먹자며 비닐에 밥을 비벼먹던 일을 아직도 고마워하는 녀석이 책을 낸단다. '이제 나는 나만의 여정의 첫 발을 내딛으려고 한다.'라는 토막글을 적어 체 게바라의 모터싸이클 다이어리를 내게 건네던 모습이 눈에 선하다. 인도로 떠나 돌아오지 못 할 것 같았던 녀석을 위해 기도하며 없는 돈에 5만원씩이나 후원했다. 그 덕에 서울대학교 교수님들 사이에서 이렇게 추천사를 쓸 수 있는 기회를 얻는 설레는 경험을 하고 있다.

– 세상을 · 우주를 품은 남자 권선우

오병장은 모두가 yes를 외칠 때도 혼자 why를 외치던 후임이었다. 설령 그 상대가 별일지라도. 그리고 그의 심대한 호기심은 언제나 우리를 고난의 길로 인도하곤 했다. 그런 그가 인도로 인생의 답을 구하러 가다니. 제발!! 부디!! 저런!! 등의 생각과 함께 첫 장을 넘겼다. 이윽고 마지막장을 넘기며 그가 군대에 가기 전에 그곳에 갔으면 어땠을까하는 안타까움을 금할 수 없었다. 삶의 방향을 찾는 이라면 꼭 읽어보길 바란다.

－저자 덕분에 아름다운(?) 군 생활을 함께한 맞선임

- -

　"여행을 하고 돌아와도, 너는 여전히 종석이 일꺼야. 많이 배워야 하고, 많이 느껴야 한다는, 무언가 네 안에서 달라져야 한다는 생각은 하지 않았으면 좋겠다. 하지만 너의 삶에서 아주 작은 변화가 있겠지. 그리고 그 작은 삶의 각도의 차이가 10년 후 20년 후에는 지금과는 다른 너의 삶의 모습으로 나타날 것이라 생각해."

　－ 여행을 떠나는 날 종석이에게 보낸 편지 중(中)에서…

　이 책은 얼마나 자신이 특별한 경험을 하였는지 자랑하는 '여행기'가 아닙니다. 종석이의 솔직한 '일기장'을 통해 작지만 의미 있는 삶의 변화를 함께 나누고 싶습니다.

－ 지나가던 선배 1인

- -

　'오종석 다움'이 묻어나는 한 편의 여행기의 마지막 장을 덮자마자 난 다시 내 인생의 지도를 그렸다. 누구나 갈 수 없는 길을 걸어왔고, 아무도 가지 않은 길을 걸어온 오종석 작가님이 앞으로 펼쳐나갈 지도가 더욱 궁금하다.

－ 여행작가 배성환

- -

이 책은 오종석이라는 열정과 호기심으로 가득한 한 청년이 우리에게 아시아란 무엇인가를 일깨워 주는 시대의 대서사시이다. 우리는 그가 인도하는 길을 따라 우리 이웃의 문화와 삶을 더 자세하게 이해할 수 있게 된다. 특히 오종석 군이 내가 연구해온 태국 국경 도시 메솟과 카렌족 난민촌을 방문하고 들려준 이야기를 재미있게 읽었다. 오종석 군은 탁월한 여행꾼이자 이야기꾼이다.

– 연세대학교 문화인류학과 교수 이상국

인도는 핵무기를 수레에 실어서, 앞에서는 소가 끌고 그 뒤에서는 사람이 밀고 가는 나라라고 합니다. 인도에서는, 한국의 30배가 넘는 면적에 다양한 문화와 언어를 가진 13억 가까운 사람들이 살아가고 있습니다. 그래서 어떻게 한 단어로 이해하기 어렵습니다. 이 책은 이러한 인도를 이해하려는 사람들에게 좋은 길잡이가 되리라 생각합니다.

– 여전히 하나님과 삶의 의미를 이해하려 노력하는
첸나이의 태권도 사범 양영근

인도 IIT의 캠퍼스에서 처음 만났던 종석군에게는 충만한 자기 자신과 더불어 수많은 고민과 질문이 있었습니다. 삶의 방향성에 대해 늘 진지하게 고민하던 그가 인도에서의 좌충우돌 생활을 그린 생생한 경험담을 읽는 내내, 현재 나는 어느 곳에 서있는지 그리고 어느 곳으로 가야할지에 대해 다시 한 번 돌아볼 수 있었습니다.

– 인도 청년 사업가 GMCOS 대표 석민성

IIT 교환학생으로 왔다고 인사하던 종석이. 서울대학생이라는 범생 이미지를 지니고 있었지만 알고 보면 괴짜같은 기발한 생각들로 우리들을 빵빵 웃게 만들었다. 단순한 교환학생으로 온 것 같지만 알고 보면 북한에 대한 미래설계도를 가지고 뚜렷한 목적으로 온 종석이. 서로 삶에 대해 열정적으로 깊이 있는 대화를 나누었던 그 때로 돌아가고 싶다.

– 인도 땅에 참 빛을 비추길 바라는 이휘

재미있다. 우스꽝스럽다. 연애를 해보지 못한 총각티가 줄줄난다. 솔직하다. 순수하다. 서툴지만 깊은 눈으로 세상을 보려한다. 그래서 진지하다. 독자에게 웃음과 동시에 세상에 대한 철학적 사색의 기회를 준다. 같은 하늘아래 다른 세상을 보려하는 분들에게 권한다.

– 오로빌리언 조홍규

인도 첸나이에서 본 종석이는 '젊어서 고생은 사서도 한다'라는 말을 몸소 실천하고 있었다. 찌는 듯한 더위에 물도 제대로 나오지 않는 농촌마을로 봉사활동을 다녀와서는, 검게 그을린 모습으로 "이번엔 진짜 고생했어"라고 말하던 종석이의 모습이 아직도 생생하다.

– 인도에서 종석이의 도반이었던 박장우

이 책은 순수하고 진지한 남자가 들려주는 따뜻한 이야기다. 그는 아시아 11개국의 슬럼가, 난민촌, 오지마을을 떠돌았고, 그곳에서 숱한 사람들과 만나 이야기 나누었다. 이 이야기는 마음이 빈곤한 채로 살아가는 우리에게 향하는 치유의 이야기이다. 나 또한 그와 함께 한 인도에서의 추억을 떠올리며, 잠시나마 내 지친 영혼을 추스려본다.

– 광활한 인도양을 바라보며, 짜이 한잔을 마실 줄 아는 남자 김기홍

어느 날 한 학생이 아가페 복지재단(첸나이)에서 봉사활동을 하고 싶다고 찾아왔다. '왜 서울대 씩이나 다니는 학생이 이곳 인도에 왔을까?'

그 학생은, 언젠가 남북한 통일이 되면 북한 경제를 재건하는 것이 꿈이라고 말했다. 그리고 그 때를 위해서, 인도라는 나라에서 저개발 국가가 발전하기 위해서는 무엇이 필요한지 공부하겠다고 했다.

너무도 생뚱맞은 이야기에 황당하기 그지없었다. 그러나 이후 그 학생이 보여준 치열한 모습에, 그 이야기가 결코 허황되지만은 않다고 생각하게 되었다.

- 세명 인디아/아가페 복지재단 대표 전형진

오종석군과는 2010년 무렵 내가 NGO에서 지역개발 일을 하던 뱅갈로르에서 처음 만났다. 사실 남인도에 위치한 뱅갈로르는 IT 도시로는 유명하지만 여행객의 발길은 비교적 닿지 않는 관광 소외지역이다. 그런데 이 친구는 굳이 NGO의 활동모습을 보고 싶다고 이 뱅갈로르까지 찾아온 것이다. 나는 그 노력이 대견해서 차마 되돌려 보내지 못하고, 남인도의 NGO 활동지역을 소개해 주었다. 이 책은, 그런 오종석군이 인도의 각종 농촌지역과 오지를 돌아다니며, 인도인의 삶과 문화를 두 손 두 발, 오장육보의 오감까지 동원해 기록한 여행기이다.

- NGO 활동가 안승진

'개고생을 통해 성장했다'는 뻔한 스토리가 이어지진 않을까? 개인의 사사로운 여행 일대기를 읽고 무슨 얘길 해주지? 고민하며 책을 폈다. 한 장 한 장 넘기며 저자가 여행하며 느낀 깊이 있는 고민이 고스란히 담겨있는 것을 보고, 속단하고 접근했던 내 모습이 부끄러워졌다.

인도에서 처음 만난 저자는 '듣기의 달인'이었다 이미 경험한 것도 쌓아놓은 지식도 많았으면서 자신의 지혜를 뽐내기보다는 상대의 이야기를 경청

했다. 그 사람이 좀 더 깊은 이야기를 할 수 있도록 이끌어가는 힘이 있었다. 여행하며 만나는 사람들에게 어떻게 했을지는 안 봐도 비디오다.

종석아!! 나중에 개발경제학 분야의 석학으로 성장했을 때 이 책을 훈장처럼 여기지 않길 바란다.

− 당시 NGO 단체 인도지부 파견 장기봉사자, 현 회사원 송대규

너털웃음과 큰 키로 감싸는 포옹이 인상적이던 저자와 인도에서 만났던 일이 아직도 생생하다. 엉뚱하고 무모한 듯 하지만 여행하면서 느끼고 고민했던 이야기를 재미있고 현실적이게 써내려간 정감 가는 책이다.

− 인도의학 아유르베다 의사 이해성

오랜만에 종석 군의 메일을 받았다. 출판 준비 중인 책의 추천사를 부탁한다는 대목에서, '오옷~~ 드디어!'하는 생각부터 들었다. 2011년 7월 델리에서 처음 만났을 무렵의 조사노트를 들춰보니, "K 교수 소개. 밤송이머리에 장기 여행자 행색. IIT-Madras 교환학생 후 나갈랜드와 비하르 여행 중. 1년 휴학하고 동남아와 중국 떠돌 계획. 약간 over-serious 느낌? 힌두의 결혼과 지참금, 카스트, 집안하인, 인도의 민주주의 등 여러 질문들로 입 털어 좋았음. '하늘걷기' 자료 보내주겠다고? OK!"

그 후 거의 4년… '하늘걷기' 파일들도 받아보고 하늘을 걷던 시절에 간간히 메일도 주고받았으며 한국에서 만나기도 하면서 밤송이머리가 여러 차례 바뀐 모습을 보았으나, 델리에서 받은 첫인상은 여전히 남아있다. 몸으로 부딪혀가면서 진지하게 뭔가를 찾으려 애쓰는, 그리고 볼거리보다는 사람들에게 관심을 갖고 교감하려는 한 청년의 모습과 자취가 이 책에 담겨있다고 생각한다. 다른 이의 분투기록을 엿보는 것은 재미와 동시에 나를 돌아보도록 하는 기회! 모쪼록 많은 분들이 종석 군의 이야기를 즐기셨으면 좋겠다.

−한국외국어대학교 인도어과 강사 정채성

이 책이 단순히 빈곤국의 가난을 직접 경험해보고 싶었던 한 경제학도의 체험기라면 여느 평범한 여행기와 다를 바가 없었을 것입니다. 처음 이 책을 접했을 때에는 나와는 많이 다른 사람의 이야기로 느껴졌지만, 하루하루 여행을 함께할수록 그 내면의 소리에 빠져드는 저를 발견할 수 있었습니다. 이 책 속에 묻어나는 단상과 고민들은, 자신만의 삶의 방향을 찾기 위해 고민하고 있는 분들에게 소중한 등대가 되리라 확신합니다.

– 종석이 형의 첫 번째 파트너였던 김형래

끊임없이 무언가를 찾는 심정으로 읽었습니다. 이 형이 답답했던 것은 도대체 무엇일까, 나와 닮은 점은 어디인가, 그리고 그것을 어떻게 해결했는가. 실질적인 '도움'을 찾아 이 책을 읽어나갔습니다. 그런데 제 식견이 부족한 탓인지 (그 답을) 찾을 수는 없었습니다.

재수 끝에 서울대에 합격했지만 손에 쥐어진 것은 없는 아무것도 없었던 헛헛한 심정, 1학년 때의 방황, 군대에서 느낀 고독함과 극한의 감정들. 형만의 고민과 방황이 모여 만들어진 이 책은 분명 다른 이들에게 '답'이 될 수는 없는 것 같습니다. 다만, 고민과 방황으로부터 삶의 궤적을 찾아가려는 이들에게, 한 가지 참조할 수 있는 사례가 되리라 생각합니다.

– 서울대학교 자유전공학부 2학년 김황순

나는 속았다.

나는 ... 속았다.
부모님한테 속았다.
선생님한테 속았다.
친구들한테 속았다.

분명

...

서울대에 합격하기만 하면
인생의 모든 고통이 끝나고,
꿀맛같은 장밋빛 인생이 펼쳐진다고.

그런데...

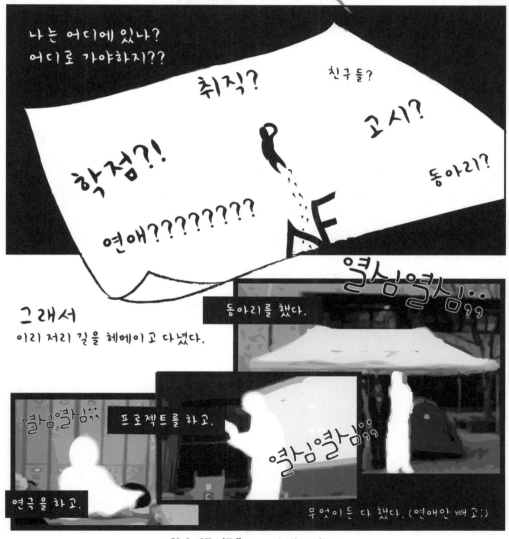

Global Trailblazer 서울대학교 도전동아리

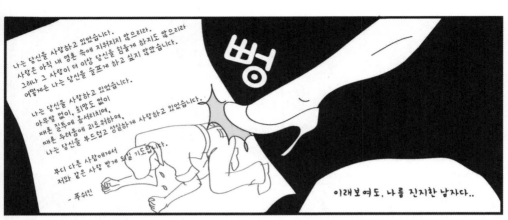

나는 당신을 사랑하고 있었습니다.
사랑은 아직 내 영혼 속에 지워지지 않으리라.
그러나 그 사랑이 더 이상 당신을 힘들게 하지도 않으리라
어떻게든 나는 당신을 슬프게 하고 싶지 않았습니다.

나는 당신을 사랑하고 있었습니다.
아무말 없이, 희망도 없이
때론 질투에 움서리치며,
때론 두려움에 괴로워하며,
나는 당신을 부드럽고 성실하게 사랑하고 있었습니다.

부디 다른 사람에게서
저와 같은 사랑 받게 되길 기도합니다.
- 푸쉬킨

이래보여도, 나름 진지한 남자다..

그대로 짐을 쌌다.
완전 깔끔하게 쌌다.

머리도 밀었다.
막상 밀고 나니 눈물이...
(내가 어쩌자고.. ㅎㅎ)

그리고 인도로 날아갔다.
인도가 어떤 곳인지 알지도 못한 채.

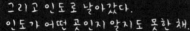

심지어 인도에서는 인터넷을 전혀 사용하지 못한다고 알고 있던 나;;;

그리고...

※구글 지도에서 발췌   **Global Trailblazer** 서울대학교 도전동아리

IIT- 인도에서 교환학생을 하며
정말로 운 좋게도
꿈같은 신입생 시절을 한번 더 겪을 수 있었다.

Decentralization 프리젠테이션

같이 수업도 듣고,

태권도장에서

동아리 활동도,

샤스트라 축제, 태권도 시연 했다

내 절친 챙이 야구지를 날리며.

짬짬이
쇼핑도

내 절친 아누의 생일날

...
연애 빼고 ㅜㅜ

다 했다.

Global Trailblazer 서울대학교 도전동아리

그리고 여행의 시작 ♪

두 학기의 교환학생을 마치고, 비행기 타는 대신 육로로 귀국하는 13개월의 여정에 올랐다.

항상 가슴 속에 있었다.

다시는 돌아오지 않을 대학시절
무언가 마음껏 터트려 보고 싶다.
그 무엇에도 얽매이지 않고
자유롭게 세상을 보고 싶다.

낯선 곳에 떨어진다는 것은,
언제나 두려우면서도
설레는 일이었다.

낯선 곳에 떨어졌을 때,
가장 먼저 해야 하는 일은
바로 '지도'를 찾는 것.

그런데

삶에도 지도가 있을까???

어떻게 하면 나한테 바가지 씌울지
고민 중이신 우리 오토릭샤 아저씨~~

Global Trailblazer 서울대학교 도전동아리

네팔, 안나푸르나.
9박 10일 동안 안나푸르나 봉우리를
반바퀴 돌며
해발 5416m 고개인
쏘롱라를 넘었다.

내 생에 가장 높은 곳까지 올라가 보았다.

안 가본 사람은 모른다.
졸라 멋있다.
보이는 순간 순간마다 장관이다.

안 겪어 본 사람은 모른다.
졸라 춥다.
해발 5000m, 영하 15도 -_-;;

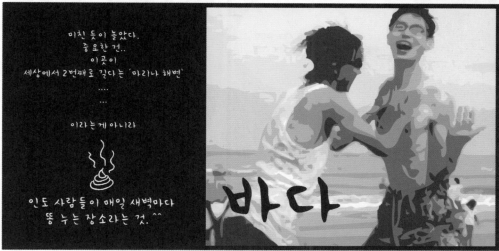

미친 듯이 놀았다.
중요한 건..
이곳이
세상에서 2번째로 길다는 '마리나 해변'
....
...

이라는게 아니라

인도 사람들이 매일 새벽마다
똥 누는 장소라는 것. ^^

사막에서 왕따도 당해봤다.
늙고 지친 할아버지와 파릇파릇한 젊은 커플의 틈바구니에서 ...

사막에서
그는 너무도 외로워
때때로 뒷걸음질로 걸었다
자기 앞에 찍힌
발자국을 보려고.

짤짤짤

시끌시끌

오손도손

... 서럽 T T

사막

Global Trailblazer 서울대학교 도전동아리

이미 인적이 끊긴지 오래...
어둠이 가득 찬 주변에는
밤 하늘에는 별들만 총총히 떠있다.
초가집 처마에 달린 백열전구 아래
16명의 꼬맹이들이 옹기종기 모여 앉아
보일듯 말듯한 글자를 서툰발음으로 읽으며
공부를 하고 있다.

"I like cat"

"How are you?"

"This is my pen"

나는

도대체

!!!!
그동안 무슨 생각을
했던 것인가?
사랑 받고 싶다는 열망.
성공하고 싶다는 열망.
이미 너무도 많은 것을
가진 내가 좀 더 갖지
못했다고 욕심 부리며
괴로워했구나...

잠시 설명하자면,
1988년 8월 8일,
미얀마/버마 88항쟁 이후로
수많은 미얀마 난민들이 발생한다.

이들은 주변국의 여러 난민촌에 수용되었는데,
이제는 그 역사?가 어언 20년이 넘었다.
난민촌에서 태어나고 자라서 난민촌 밖을
한 번도 가보지 않은 사람도 존재하는 형편이다

놀랍게도 오른손으로 잡고 있는 철창이 바로
난민촌과 외부를 갈라놓는 경계선이다.

생각보다...

뻥 뚫려있다.

나는 뚫린 이 길을 걸어 자유롭게 나올 수 있었지만,
날 안내해준 친구는 저 뻥 뚫린 문 밖으로 나설 수 없었다.

태국에 있는 한 난민촌에서...

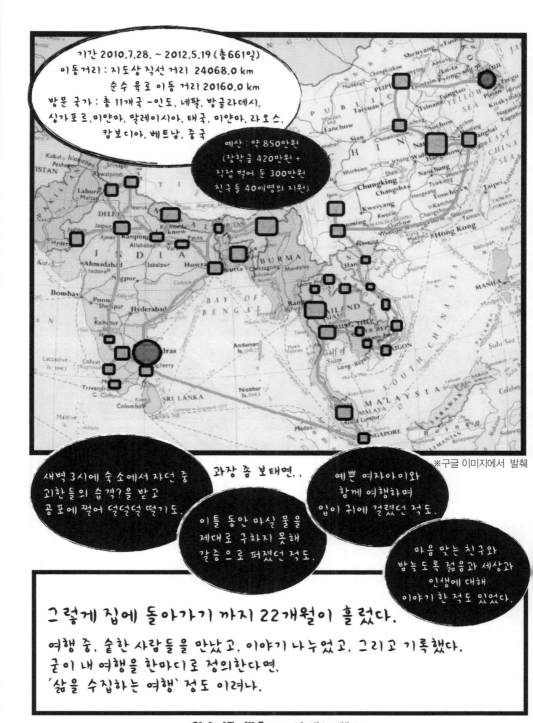

기간 2010.7.28. ~ 2012.5.19 (총661일)
이동거리 : 지도상 직선 거리 24068.0 km
            순수 육로 이동 거리 20160.0 km
방문 국가 : 총 11개국 - 인도, 네팔, 방글라데시,
싱가포르, 미얀마, 말레이시아, 태국, 미얀마, 라오스,
            캄보디아, 베트남, 중국

예산 : 약 850만원
(장학금 420만원 +
직접 벌어 둔 300만원
친구들 40여명의 지원)

※구글 이미지에서 발췌

새벽 3시에 숙소에서 자던 중
괴한들의 습격?을 받고
공포에 쩔어 덜덜덜 떨기도.

과장 좀 보태면..

예쁜 여자아이와
함께 여행하며
입이 귀에 걸렸던 적도.

이틀 동안 마실 물을
제대로 구하지 못해
갈증으로 퍼졌던 적도.

마음 맞는 친구와
밤늦도록 젊음과 세상과
인생에 대해
이야기 한 적도 있었다.

그렇게 집에 돌아가기 까지 22개월이 흘렀다.

여행 중, 숱한 사람들을 만났고, 이야기 나누었고, 그리고 기록했다.
굳이 내 여행을 한마디로 정의한다면,
'삶을 수집하는 여행' 정도 이려나.

Global TrailbIazer 서울대학교 도전동아리

여행에서 돌아온 후, 나는 무엇이 달라졌는가?

여행을 떠나기 전...
먼저 일 년 동안 세계 일주를 했던
한 선배가 내게 말했다.

그러나!

나는 속으로, 내가 여행을 무사히 끝마친다면,
어떤 어려움에도 결코 굴하지 않는
멋진 남자가 되어있을 거라고 상상했었다.

"여행을 다녀오면, 아니면
너는 여전히 '오늘'일 뿐이야
단 한번의 여행이 너를
바꾸어 놓지는 않아."

멋진 남자가
되는 거야~!!

지금은,
그 때 그 선배의 말이
옳았다는 것을 안다.

2년 동안 아시아를 떠돌며 별의별 일 다 겪어 보았다.
그러나 여전히 나는 유약하고, 나약하다.
행여 누군가 날 싫어할까 항상 조마조마 하고,
여전히 내가 어디 가서 바보짓 할까
두려워하는 어린아이일 뿐이다.

다만, 한 가지
확신할 수 있는 것은,

Q : 만약,
여행을 떠나기 전으로
돌아갈 수 있다면,
그 때도 다시
여행을 떠날건가요?

A : sure,
why not!!

용기를 내어,
그대가 생각하는 대로
살지 않으면
머지 않아 그대는
사는 대로 생각하게 된다.

- 폴 부르제

Global Trailblazer 서울대학교 도전동아리

용기를 내어 그대가 생각하는 대로 살지 않으면
머지않아 그대는 사는 대로 생각하게 된다.

– 폴 부르제

어떻게 하면 네가 나를 우연히 만나게 할 수 있을까
가장 아름다운 이 순간에

부처님 앞에서 500년을 빌었네
속세에는 인연을 맺게 해달라고

부처님은 날 한 그루 나무가 되게 하셨고
네가 늘 지나다니는 길가에 자리하게 해주셨네

그대 다가오면 귀 기울여 주길
그 떨리는 잎은 내 기다리는 마음이란 걸

그리고 그대 무심코 지나칠 때
그대 뒤에서 떨어지는 그건

그것은 꽃잎이 아니라
저물어가는 사랑이란 것을….

– 꽃이 피는 나무, 석모용
　　(일부분 필자가 윤색)

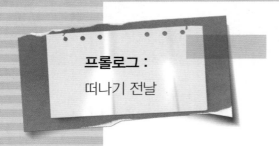

근 사흘간 집에 들어가지 못했다.

떠나기 전에는 그래도 가족들과 시간을 보내고 싶었지만, 그럴 여유는 없었다.

관악구 자원봉사센터 프로그램으로 진행했던 '소원을 말해봐 season2'의 보고서 작성과 회계처리를 마무리 지었다. 학교 중앙전산원에서 밀린 이메일을 발송하고, 하늘걷기(프로젝트 코드명) 기획서를 최종적으로 수정했다. 어느덧 시간은 새벽 5시다. 잠시 총연극회 동아리방에 들려 눈을 붙였다.

아침 9시, 마지막으로 학교 캠퍼스를 한 바퀴 둘러보았다. 나 한사람 없어진다고 달라지는 것은 없을 거다.

밤 8시, 3일 만에 집에 돌아왔다. 현관문을 열자마자 한 상 가득 차려져 있는 밥상을 보고 목이 멨다. 처음으로 소고기와 돼지고기가 함께 올라간 상을 받았다. 먼 나라로 떠나보내는 자식, 그래도 마지막 저녁은 잘 먹여 보내려고 아침부터 기다리고 계셨을 어머니. 나는 말없이 어머니와 늦은 저녁을 먹었다.

실감은 들지 않았다. 내일 정녕 떠나는 것인가?

막연하게 돌아오지 못할 수도 있다는 생각이 들었다.

(우스)개소리로 두 발로 걸어서 돌아오지 않는다면, (관에) 누워서 돌아올 거라고 말하곤 했지만….

하늘걷기 준비가 잘 되지 않아서 그저 이대로 놓아버리고 싶었을 때에는 하루에 12시간을 자도 피곤하기만 했었다. 그런데 근 일주일간은 3~4시간씩만 자도 거뜬했다. 시간이란 참 묘하다.

다음 날 아침

초조하다. 심장이 뛴다. 진정이 되지 않는다.

어머니께 더 멋진 남자가 되어서 돌아올 거라고 인사했다. 그리고 아무렇지도 않게 공항으로 가는 버스에 올라탔다.

잘할 수 있을까?

잘할 수 있을까?

분명한 건, 이제 이전의 나는 존재하지 않는다.

잘하려고 욕심부리지 말자.

어깨에 힘주지도 말자.

그저 자유롭고 소탈하게 다녀오자.

10.07.29

1장

IIT LIFE

(Indian Institute of Technology
Madras)

– IIT 관련된 일화

(미국 MIT 강의실 / MIT 신입생들의 첫 수업 시간)

담당 교수가 교실에 있던 인도 학생에게 물었다.

"자네 나라에는 IIT가 있는데 왜 MIT에 왔는가?"
"예, 저는 IIT에 떨어져서 MIT에 왔습니다."

– Five Point Someone 中에서…. (영화 세 얼간이의 원작 소설)

라이언 : 계속 공부하고, 시험 보고, 숙제하고…. 그럼 도대체 새로운 아이디어는 언제 시도해 보지?
종일 앉아만 있으면, 하리(친구이름)처럼 뚱뚱해지기만 한다고….

– IIT-ians are job 'Follower', not job 'Maker'.

IIT 친구들과 두 학기 동안 함께 공부했다. 이 친구들 대단하다. 시험 때면 새벽 3시까지 책을 놓지
않는다. 조명사정도 열악해서 글씨도 제대로 보이지 않는데 말이다.

But, IIT-ians are 'Job Follower', not 'Job Maker'.

IIT 친구들은 철저한 자기관리와 끈질긴 노력을 통해서 사회의 좋은 자리를 꿰찬다. 이 능력은 가히 대
단하다. 그러나 새로운 가치를 만들어 내는 것에는 많이 생소해 한다. 어디서(?) 많이 듣던 소리다.

중국
CHINA

한국

네팔

부탄

인도
INDIA

방글라데시

미얀마
MYANMAR

베트남

라오스

태국
THAILAND

캄보디아

첸나이

말레이시아

IIT 소재
인도 첸나이

첫 발걸음

인도에 도착

●●● **첸나이**(Chennai/ 옛 영국식 이름은 Madras)

  첸나이 공항에 도착했을 때, 나는 완전히 초긴장 상태였다. 한국에서 수도 없이 강도, 도둑, 사기 등의 사건사례를 들어왔던 터였다. 주변 사람들이 외국인인 나를 신기해하며 쳐다볼 때마다, 나는 차마 겉으로 드러내놓을 수 없는 공포를 느꼈다.

  고맙게도 IIT-Madras에서 샤신과 아데나라는 박사과정 학생 2명이 공항으로 마중 나왔다. 신기하게도 아데나라는 친구는 나와 무척 닮았다. 왠지 모르게 마음이 놓였다.

  인도 동북부 주, 아삼 Assam , 나갈랜드 Nagaland , 마니푸르 Manipur 등지에는 우리와 생김새가 비슷한 몽골로이드 계열 사람들이 많이 거주한다. 인도에서도 낙후되어 있는 지역이다.

 IIT로 가는 택시 안에서 첸나이 시내를 바라보았다. 흡사 TV 다큐멘터리에서나 봤었던 1960년대 한국의 모습이다. 쓰러져 가는 건물들, 길거리에 아무렇게나 널브러져 있는 각종 쓰레기 더미들, 전형적인 제3 세계의 모습이다.

IIT-Madras에 도착했다. 앞으로 1년 동안 내가 생활해야 할 학교다. IIT
는 학교라고 하기보다는 하나의 정글이라고 말하는 것이 정확한 것 같았다.
영화 타잔에나 나올 법한 나무들이 여기저기 널려있었고, 그 주위에서는 원
숭이와 사슴 무리가 아무렇지도 않게 놀고 있었다. 또 그 원숭이와 사슴 주
위를 IIT 학생들 역시 아무렇지도 않게 지나다녔다.

내 서포터인 샤신과 아데나는 나를 이리저리 데리고 다녔다. 학과 사무
실, 아카데미 섹션, 기숙사 행정실 등등. 처음 한두 군데는 그래도 '무엇을
하러 왔구나'라고 감이라도 잡을 수 있었는데, 방문하는 장소가 점차 늘어
나자 정신을 차릴 수가 없었다. 분명 근처 주위를 뱅뱅 도는 것 같기는 한
데, 여기가 저기 같고 저기가 여기 같고…. 더군다나 중간중간에 중요한 거
라고 반드시 기억해야 한다고 뭐라고뭐라고 말해주는데, 이건 내가 영어가
안돼서인지 아니면 긴장해서인지 당최 알아들을 수가 없었다. 나는 꼭 이등
병 시절로 되돌아간 느낌이었다.

한참을 그렇게 끌려다니는데 갑자기 샤신이 밥을 먹고 오겠단다. 나는 당
연히 저녁을 먹으러 가는 것으로 생각하고, 오늘은 피곤할 텐데 잘 자고 내
일 아침에 보자고 말했다. 그러자 샤신이 껄껄껄 웃는다.

"종, 지금 12시밖에 안 됐는데 벌써 자라고 하니?"
그야말로 나는 시간관념을 완전히 잃어버렸다. 정신 줄도 놔버릴 것만 같
았다.

어스름이 내릴 무렵에야 배정받은 방으로 돌아왔다. 몸은 완전히 녹초가 된 상태다. 방 안에 혼자 남게 되니, 이제야 인도에 내동댕이쳐져 있다는 것이 실감되었다. 적막하고 침울했다. 그래도 어찌하랴. 앞으로 내가 살아야 할 곳인데.

어찌 되었든 우선 방 청소부터 해야 했다. 도대체 얼마나 오랫동안 방치되었던 것인지 방 도처에는 거미줄이 가득했다. 책상으로 추정되는 돌판 위에는 심지어 각종 애벌레들이 기어 다닌다. 역시 인도는 인도다.

편한 삶을 놔두고 어쩌자고 이곳에 왔나.
미국도, 영국도, 호주도 있었는데….

인도에서의 3중고

나는 인도에서 3가지 커다란 문제에 봉착하게 되었다.

첫째, 인도에서는 안전하게 먹을 수 있는 물을 구하기 어려웠고,
둘째, 기대 이상으로 모기가 많았으며,
셋째, 화장실에는 휴지가 없었다.

모두 예상은 했던 문제다. 그러나 막상 직면하게 되니 무척 미묘했다.

먼저, 먹는 물 문제.
인도에서는 구내식당에서 따라주는 물을 마시면 이상하게도 목 뒤끝이
따끔했다. 그리고 1시간가량이 지나면 여지없이 아랫배가 꼬르륵거렸다.
이럴 때면 몸에 힘이 하나도 없어서 방안에서 시체처럼 2시간이고 3시간이
고 뻗어 있어야만 했다. 이게 말로만 듣던 '물갈이'인가?

다음으로, 모기 문제.
열대 지방이라 그런지 모기가 정말 많았다. 그리고 우리 모기 친구들은
동양에서 온 나를 무척 좋아했다. New Taste 군대에서 초병 나가서 뜯겼던
것과는 차원이 다르다. 앞으로 긴 악연이 되겠구나.

마지막으로, 가장 미묘한 문제인 화장실 문제.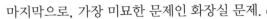

화장실에서 큰일을 본 다음에 뒤끝을 맨손으로 처리해야 한다는 점은 우스꽝스러우면서도 민감한 문제였다.

'배설물과 항문을 맨손으로 만져야 한다니….'

인도에 가면 가능한 한 빨리 인도 문화에 적응하겠다고 다짐했었다. 그 기세로 도착 첫날부터 인도 친구들처럼 맨손으로 식사했다. 그러나 화장실 문제만큼은 절대 쉽지 않았다. 아랫배에 신호가 와서 화장실에 가도 왠지 모르게 큰 것이 마렵지 않았다. 마치 초등학교 시절 수학여행에 가면, 괜히 그 곳 화장실에서는 큰일을 보기 싫은 것과 같은 마음이었다.

그 후, 3일이 지났다. 이제는 어찌할 수 없는 한계까지 다다르자, 배에서 확실한 신호가 왔다. 나는 큰마음을 먹고 화장실로 출진했다. 우선 화장실 사로 들을 둘러보며 그나마 깨끗해 보이는 칸을 골라잡았다. 그 후 쪼그려 앉았는데, 어찌나 다급한 순간이었는지,

푸와와악…!

배에 약간만 힘을 주었는데도 어른 팔뚝만 한 구렁이가 쑥 쏟아졌다. 3일 이나 묵었던 녀석이라 그런지 색깔도 완전히 새까맣다.

자, 지금이다.

쪼그려 앉아 있는 그 시점에서도 내 모기 친구들은 나를 가만히 놔두지 않았다. 메주 냄새를 맡은 이 녀석들이 차마 말하기 부끄러운 그곳까지 사정없이 물어뜯고 있었다. 황급히 뒤처리를 해야 했다. 옆에 있는 수도꼭지

를 틀어 양동이에 물을 가득 담은 후, 손에 물을 듬뿍 묻혔다. 그 후 큰맘 먹고 아까 구렁이 녀석이 튀어나왔던 곳으로 손을 가져가는데,

아뿔싸!!

아까 그 녀석이 자기 꼬리를 챙겨가지 않았던 것이다. 나는 통통하게 살 오른 그 꼬리를 손톱으로 살살살 긁어내며 조심스레 끄집어내었다. 그리고 다시 손을 씻은 후 항문 주변을 부드럽게 문지르기를 수차례….

잠시 후 식사 시간.

인도 친구들과 함께 먹는 중이라서, 인도 친구들처럼 맨손으로 밥을 먹었 다. 물론, 오른손잡이인 나는 오른손으로 밥을 먹었다. 그런데 방금 전 화 장실에서 사용했던 손은 어느 손이었지?

개강 첫날

수업 좀 들어가고 싶어요

　드디어 IIT에서의 첫 학기가 시작되었다. 나는 말로만 듣던 IIT의 수업이 무척 기대되었다. 그렇게, 설레는 마음으로 아침 9시 수업에 들어가려는 찰나,

　"종, 너 담당 교수님의 사인을 받으러 가야 해. 내가 같이 가줄게."

　내 서포터인 샤신이다. 엄청난 호의이니 거절할 수가 없다. 그래서 같이 학과 사무실로 가니,

　"교수님이 곧 오실 거예요. 잠깐만(?) 기다리세요"

　30분 후,

　좀 이상하다. 아무리 시간이 지나도 교수님이 오시지 않는다. 직원에게 물어봐도 계속해서 기다리라고만 한다.

　1시간 후,

약간 언짢아졌다. 다소 격한 목소리(?)로 언제까지 기다려야 하냐고 물었다. 그러자 인도 직원들도 조금은 미안했나 보다. 내가 수업을 듣고 오후에 오겠다고 하니 태연하게 그렇게 하라고 한다. 이럴 거면 애초에 왜 붙잡아 두었던 건지….

10시 반이다. 이미 9시, 10시 수업은 날아갔다. 그래서 11시에 있는 수업에나 들어가려고 인도 직원에게 내가 들을 수업의 교실번호 room number 를 물어보았다. 그런데 그 인도 직원이 하는 말이 자기도 모르니 일단 CRC class room complex 에 가서 확인하라고 한다. 나는 그 말을 곧이곧대로 믿고 행인에게 물어물어 CRC 까지 갔다.

그런데, 휑.~~

참조 사진

영어도 안 되는 내가 이 커다란 빌딩에서 어떻게 내 수업 교실을 찾으랴….

나는 하는 수 없이 원래 학과 건물로 돌아왔다. 가슴속에는 뭔가가 불끈불끈 거렸다. 그런데 학과사무실로 통하는 복도 한복판에 게시판이 설치되어 있었다. 그리고 그 게시판에 내가 들으려고 했던 수업의 교실번호 Room Number 가 딱 붙어있었다. 그 직원은 정녕 이 공고를 몰랐을까???

• • • 그날 오후

오전에 부글부글 끓었던 마음을 다잡고 오후 수업이나 들어가려고 했다.

"종, 너 나하고 같이 아카데미 섹션 Academy section 에 가야 해."

이번에는 내 다른 서포터인 아데나에게 걸렸다. 나는 극구 괜찮다고 이따가 수업 끝나면 가겠다고 사양했다. 그런데 아데나 역시 극구 자기가 직접 아카데미 섹션까지 같이 가주겠다고 한다. 역시 이런 호의는 거절할 수가 없다.
그리고 아카데미 섹션에서…

"아, 그 담당자 점심 먹으러 갔다가 아직 안 돌아왔어요(참고로 이때가 오후 2시다). 제 생각으로는 아마 1~2시간 정도면 돌아올 것 같은데…."

오늘도 다 새었다.

둘째 날

ANU

오늘은 드디어 수업에 들어갈 수 있었다. 전체 4개의 수업 중에 2개의 수업은 공고도 없이 취소되었고, 그중에 '인도의 경제 발전 India Economy Development' 수업은 언제부터 시작할거라는 말조차 없었지만 말이다.

첫 수업은, '현대의 인도 : 사회학적 관점 Contemporary India : A Sociological Perspective'이었다. 왠지 인도에 왔으면 한 번쯤은 들어봐야 할 것 같은 수업이었다. 담당 교수님은 나이 60에 가까운 타밀(남인도 지방에 거주하는 드라비다 계열 사람들) 할머니셨다. 그런데 이 교수님의 영어 발음을 알아듣는 것은 마치 낯선 외계어를 해독하는 것 같았다.

그 수업에서 나는 ANU라는 2학년 여학생(19세)을 만나게 되었다. 얼마 전에, 나를 유심히 쳐다보던 인도 여자애들 3명과 짧게 인사했던 적이 있었다. 그런데 우연히도 그 여자애들이 나와 같은 수업을 신청했고, 그 덕분에 우연히도 그중의 한 명이었던 ANU와 바로 옆자리에 앉게 되었다.

••• 수업 중간

역시 묘하게 신경 쓰인다.

아무리 ANU하고 나하고 4살 차이나 난다고 하지만, 이국의 여자애가 바로 옆자리에 앉아 있으니 신경이 쓰인다. ANU 역시 낯선 이국의 남자가 자기 옆자리에 앉아 있는 것이 신경 쓰이는 듯하다. 수업 중간중간에 서로 신기한 듯 힐끗힐끗 바라보았다.

음, 예쁘게 생겼다. ☺

••• 수업 끝나고 학과 전산실에서

수업이 끝난 후에 학과 전산실에서 인도에 무사히 도착했다는 메일을 보내고 있었다. 그런데 이런 게 인연인가? 내일 수업시간에야 다시 볼 줄 알

앉던 ANU를 그날 전산실에서 만나게 된 것이다. 아직 영어문장이 입에서 나오지는 않았으나, 구글 채팅을 이용하니 그럭저럭 ANU와 이야기할 수 있었다. 그렇게 서로 가볍게 인사하고, ANU가 한국에 관해 물어보는 것들을 답변해 주고, 그리고 ANU에게 한국에서 생활하던 내 사진들을 보여주었다. ANU는 눈 내리는 날 서울대에서 찍었던 사진들이 무척 예쁘다고 말했다.

그리고 헤어질 시간이 되었을 때,

"내 서툰 영어 때문에, 네가 지루하지 않았을까 걱정되네."

"종, 왜 그런 말을 하니. 전혀 그렇지 않았어. 그리고 도움이 필요하면 언제든지 편하게 이야기하렴."

나로서는 정말로 고마운 말이었다.

친구? 인연?

이 이야기는 어제 있었던 일부터 시작해야 할 듯하다.

ANU는 무척 아름답고 따뜻한 인도 여자아이다. ANU하고는 서로가 서로의 문화에 대해 관심이 많아서 쉽게 친구가 될 수 있었다. ANU는 구글에서 한국문화에 대한 사이트를 검색하더니 내게 몇몇 페이지를 보여주었다. 그리고 유독, 결혼식 첫날밤에 신랑이 신랑 친구들에게 죽도록 발바닥을 맞는다는 이야기를 재미있어했다. 나는 그 신랑 친구들이 (예쁜 색시를 얻은)신랑이 부러워서 신나게 패 주는 것이라고 놀았다.

그 후, ANU와 캠퍼스를 나란히 걸었다.

그런데 갑자기 모세의 기적인양 우리 앞에 있던 사람들이 양쪽으로 쫙 갈라섰다. 그리고 너나 할 것 없이 무슨 큰일이라도 생긴양 우리를 쳐다보았다.

나는 이 사태가 걱정스러워 ANU에게 말했다.

"ANU, 괜찮아? 이렇게 나하고 나란히 걸어도?"

"응. 학교 안에서는 별문제 없어. 그리고 나는 남들이 어떻게 생각하든 별로 개의치 않아."

"정말로? 개의치 않는다는 건 문제가 있다는 거 아니야?"

그런데 그 다음에 날아온 결정적인 한마디.

"아니. 정말로 괜찮아. 이미 내 '약혼자 commitment'인 아킬이 너에 대해서 알고 있거든. 그러니 정말로 문제없어."

하하하, 엘리아데 Mircea Eliade 선생님을 떠올리고 있던 나는….

● ● ● **며칠 후, 밤**

유럽에서 교환학생 온 친구들과 학교 밖으로 맥주를 마시러 갔다. 나는 술을 별로 좋아하지 않아서 굳이 가고 싶지는 않았다. 그러나 교환학생의

초반은 생존 게임이다. 어울릴 기회가 있으면 무조건 따라가야 한다.

그런데 막상 맥주를 마시니 기분이 확 살았다. 정말로 한국에서 친구들과 술 마시러 온 느낌이었다. 병맥주 한 병을 원샷하고, 고래고래 소리 지르고, 일단 분위기를 탄 다음에는 거칠 것 없이 마음껏 놀았다. 그런데 학교로 돌아오는 길에 문제가 발생했다.

밤 11시가 넘었을까.
주위는 깜깜하게 내리깔린 어둠.
아무도 없는 숲 속 길을 자전거를 타고 시원하게 달린다.
알맞게 오른 술기운에 자연스레 옅은 감상에 젖어든다.
괜찮다면 이 기분, 이 상태로 계속해서 달려가고 싶다….

잠시 후, 저 앞에 보일 듯 말 듯한 검은 물체가 있었다.
뭔가 하고 가까이 가보니, ANU와 아킬이다.
나는 왠지 모르게 감정이 복받쳐 올랐다.

(술 취한 상태에서 거들먹거리며)
"ANU, 아킬하고 데이트하는 중이야?
"반가워, 아킬. 아니 이제는 내 친구 아킬이라고 불러도 될까?"

나는 평상시의 술버릇대로 내 친구들과 포옹했다. 물론, 문제를 일으키지 않기 위해 아킬하고만 포옹하고 ANU하고는 악수했다. 아킬과 ANU는 어쩔 줄 몰라 하며 무척 당황해 한다. 나는 전혀 개의치 않고 제대로 영작도 되지 않은 말들을 혼자서 지껄여댔다.

wow…&%# beautiful… %$@ #$%&^$%%
it's… $$%@!*^… haha.

이 얼마나 아름다운 장면인가.
별이 초롱초롱하게 빛나는 밤,
인도의 두 아름다운 선남선녀가 나란히 숲 속 길을 걷고 있다.
거기에 술 취한 한 동양인 한 명이 무언가 배앓이 뒤틀린 채 꼬장을 부리고 있다.

나는 한 번 시원하게 웃으며 힘차게 자전거 페달을 밟았다. 그리고 쪽팔리게도 5m도 못 가서 고꾸라졌다.

'아킬 녀석. 제길, 고마운 건가, 재수 없는 건가.'

이 참하게 생긴 녀석이 내가 걱정되는 듯 달려왔다. 나는 멋쩍게 웃으며 다시 자전거 페달을 밟았다. 괜찮다고, 아무 문제 없다고, 좋은 시간 갖고 내일 보자고….

너 ○○ 아니니?

금요일. 오늘은 이상하게도 일이 잘 풀리지 않았다.

먼저, 휴대폰을 개통하려고 했는데, SIM 카드를 구입할 수 없어서 하루 늦춰졌다.(인도는 휴대폰과 SIM카드를 따로 삽니다. 그래서 휴대폰 단말기 보조금이라는 것이 없습니다. 대신 휴대폰 통화요금은 1분 통화에 20원 정도로 무척 싼 편입니다.)

무엇보다 외국인 거주지등록 Resident Permit 을 받으러 갔는데, 제출했던 서류 중에 딱 한 장이 복사본이라는 이유로 거절당했다. IIT 학생증, 비자, 여권, 현재 체류지 증명서까지 원본으로 제출했는데, 고작 학교에서 받은 레터 Letter 하나를 사본으로 제출했다고 다시 오란다.

그런데 그 날, 정말로 크게 웃을 수 있었던 에피소드가 생겼다.

역시 우리 ANU. 고맙다.

사건은 이러하다. 학과사무실에서 평소대로 이메일을 확인하니, ANU로부터 장문의 메일이 와 있었다.

'종, 나는 너하고 함께하는 시간이 정말로 즐겁고 재미있어. 그리고 다시는 술에 취하지 마. 나는 술 취한 사람을 그렇게 좋아하지 않으니.'

- 뭐 여기까지는 무난한 메일이다.

'우리 지역 사람들은 상당히 솔직한 사람들이고, 다른 사람에게 이야기를 숨기는 것을 그다지 좋아하지 않아. 그래서 행여나 너의 기분을 상하게 할 만한 질문을 하려고 하는데, 그래도 괜찮겠니?'
- 뭐, 궁금한 게 있나 보지. 내가 외국 학생이라 무척 조심하는 건가?

나는 당연히 서로 친해져 가는 과정에서 조심스럽게 서로에 관해서 물어보는 것으로 생각했다. 그래서 언제든지 궁금한 것이 있으면 마음 편하게 물어보라고 답변을 보냈다. 그런데 상황은 전혀 예기치 않은 방향으로 전개되었다.

• • • 그 후

학과 건물에서 우연히 ANU와 마주쳤다.

"ANU, 나 네가 보낸 메일 읽어보았어. 무슨 일이든 궁금한 것이 있으면 물어봐. 난 괜찮으니."

"종? 정말로?"
"……."
"알겠어. 그럼 주저하지 않고 말할게. 난 네가 싫지 않으니 부디 기분 상하지 말고 들어줘."

두근….

두근….

"너 혹시 게이 아니니??"

"머머뭐?! 푸푸푹…! 하하하하!!"

이 말을 들었을 때, 도저히 어떻게 반응해야 할지 몰랐다. 그저 참을 수 없는 웃음만 터져 나와서 한참을 실컷 웃었다. 오랜만에 진심으로 실컷 웃었다.

"종, 왜 그렇게 웃는 거야. 나 정말로 너에 대해서 많이 생각해 보았어. 그리고 난 게이를 싫어하지 않아. 너 정말 게이 아니니??"

순간, 1970~80년대 한국의 여고생이 한 밤중에 이리저리 뒤척이면서 나에 대해서 생각하고 또 생각했을 장면이 떠올랐다. ANU의 머릿속에서는 갖가지 생각들이 뭉게구름처럼 피어오르고 결국 이런 엉뚱한 결론에 도달했으리라. 나는 터져 나오는 웃음을 가까스로 멈추고 이야기했다.

"ANU, 불행히도 나는 여자를 무척 좋아하는 '남자'란다. 여자애와 데이트하고 껴안고 뽀뽀하고 싶어 하는 남자라고…."

"……."

"자, 그럼 이제 네가 왜 그렇게 생각했는지 알려줄래? 이것은 정말로 중요한 일인 것 같은데….”

“저, 그게, 페이스북. 네 페이스북에 그렇게 되어 있었어.”

“?”

사정은 이러하다. 인도에 오기 직전에 페이스북 아이디를 만들 때, 관심사를 체크하는 칸이 있었다. 나는 사랑과 우정 중의 우정을 선택했고, 여자와 남자 중의 남자를 선택했다. 뭐, 아무런 의미 부여도 없었다. 한국에서야 신경도 쓰지 않는 항목이다.

ANU는 직접 구글을 검색하며 그 의미를 보여주었다. 관심사 interesting 는 주로 연애를 의미하고, 그 대상이 남자로 되어 있으면 게이라고 한다. 며칠 전에 내가 술에 취한 채 아킬을 껴안는 것을 보았으니 ANU 머릿속에 어떤 일들이 벌어졌을지 짐작이 갔다.

나를 게이로 오해했던 것이 조금 미안했던지, ANU는 지난밤 자기 친구들과 일말의 일탈을 벌였던 이야기를 들려주었다.

“어젯밤에 친구 2명하고 몰래 기숙사를 빠져나왔어. 그리고는 어떤 학과 건물 옥상에 올라갔는데, 거기서 마음껏 춤추고, 소리 지르고, 노래하고. 그러다가 새벽 3시가 되어서야 다시 방으로 돌아왔어. 그렇게 짜릿한 경험은 처음이었던 것 같아.”

그 말을 듣고 있던 나는, 나까지 20~30년 전으로 회귀한 기분이었다.

그때, ANU가 다시 말을 이었다.

“그건 그렇고, 너는 왜 여자친구 이야기는 하지 않는 거니? 네가 항상 여자친구 이야기에서만 교묘하게 빠져나가니까, 나는 네가 게이라고 생각했다고."

이 말을 듣자 가슴이 답답해졌다.
'무엇을 이야기해야 하나. 나에게 다른 사람에게서 사랑받았던 기억이 얼마나 되는가.'

한참을 고민하던 나는 짧은 글을 남겼다. 그리고 서둘러 자리에서 일어났다.
"어떻게 이야기해야 할지 모르겠어. 다만, 너하고 벽을 만들고 싶지 않아서 짧게 말할게."

"I loved one woman, and she loved other man. So I came to India."

인도에서 살아간다는 것

처음 홀로 학교 밖으로

오토릭샤를 타고서 출입국관리사무소에 다녀왔다. 인도에서 6개월 이상 거주하려는 사람은 인도에 도착한 지 2주일 안에 '반드시' 출입국관리사무소에서 거주지등록 Resident Permit 을 받아야 한다. 그럴 거면 왜 비자를 주었는지 이해가 되지 않지만, 아쉬운 사람은 나다. 여기서 뼈저리게 깨달은 점은, 내가 아쉬운 상황이면 하라는 대로 해야 한다는 점이다.

점심을 후딱 먹고, IIT 정문까지 달려 나왔다. 시원하게 뚫린 Main Road 를 자전거를 타고 20여 분 정도 달렸다. 진실로 상쾌하다.

자, 이제 본 게임 시작. 첫 관문은 출입국관리사무소까지 나를 태워 줄 신뢰할만 한 오토릭샤를 잡는 것이다. 이전부터 over-charging, cheating 등 오토릭샤 기사들의 갖가지 수법을 들어온 터였다. 당연히 그 누구도 믿을 수 없다. 물론 이 마음을 표정으로 드러내서도 안 된다.

릭샤왈라(오토릭샤 운전사)에게 주소를 보여주며,

Do you know where it is??

(도저히 알아들을 수 없는 타밀어)

ஹலோ.

நிறைய வாங்க, தயவு சய்து.

　시험 삼아 How much라고 물어보니, 180루피, 200루피, 300루피…. 모두
제각각이다. 이대로는 안 되겠다 싶어서 좀 떨어져 있는 다른 출구로 갔다.
거기에는 약간 어수룩해 보이는 릭샤왈라가 있었는데, 그 언클 Uncle 은 나
를 보자마자 'only 100루피(약 2천 원)'라고 말했다. 나는 어리버리하게도 다
른 언클들보다 싸다는 생각에 덜컥 승낙해버렸다.

　그렇게 내 오토릭샤는 달리기 시작했고, 단 한 가지만 제외하면 아무 문
제가 없었다. 그 문제는 바로, 나처럼이나 어리버리했던 내 오토릭샤 운전
사가 '출입국관리소'가 어디에 있는지 몰랐다는 점이다. 그래서 이리저리 헤
매면서 3번이나 다른 오토릭샤 운전사에게 길을 물어보았고, 심지어 나한
테도 지도를 가리키며 타밀어로 뭐라고 뭐라고 물어보았다.

　• • • 출입국 관리 사무소에서 (어떻게 어떻게 물어서 도착)

　출입국사무소에서는 정문에서부터 빽빽한 줄이 늘어서 있었다. 허름한

옷가지를 걸치고 있는 것이 한눈에 보기에도 평범한 사람들이다. 이 사람들은 고작 여권 하나를 받기 위해서 한 시간이고 두 시간이고 뙤약볕 아래서 줄을 서고 있었다. 진실로 라면도 익혀버릴 것 같은 더위다.

그런데 내가 간 곳은 에어컨이 시원하게 나오는 사무실이었다. 솔직히 가슴을 쓸어내렸다. 도저히 저 사람들처럼 땡볕에서 죽치고 서 있을 자신이 없었다. 물어보니 땡볕 아래 서 있는 긴 줄은 내국인용(인도인)이고, 여기 에어컨이 시원하게 나오는 곳은 외국인용이란다. 얼떨결에 나는 신분 상승이라는 것이 무슨 의미인지를 체험하게 되었다.

서류 수속은 다행히 30분 만에 끝마칠 수 있었다. 그러나 도장 하나를 더 받기 위해서 4일 뒤에 또다시 출입국사무소를 방문해야 한다. 그것도 꼭 오후 2~3시 사이에만 방문해야 한다. 단 1분이라도 늦으면 다시 와야 한다고 한다. 물론, 여기서 아쉬운 건 나다.

서류제출을 마치고 잠시 첸나이 시내를 돌아보았다. 첸나이에 한 번이라도 와 본 사람이라면 모두 공감할 것이다. 이곳은 도저히 걸어 다니고 싶은 도시가 아니다. 타는 듯이 내리쬐는 태양 볕, 눈 코 입 가릴 것 없이 따끔하게 만드는 매연, 중앙선조차 무시하며 레이스를 펼치는 오토릭샤들, 한순간도 쉴 새 없이 귀를 따갑게 만드는 자동차 크락션 소리, 길거리에 널브러져 있는 악취가 풀풀 풍기는 쓰레기더미, 또 이를 주워 먹고 다니는 소^{cow} ….

이건 도저히 시내 구경이 아니다. 서바이벌 게임이다. 결국, 얼마 견디지 못하고 안전지대인 학교로 도망쳐왔다. 그리고 내 호스텔에서 온몸에 찬물을 흠뻑 뿌린 후에 2시간 동안 죽은 듯이 잠들었다.

인도의 행정

요새 들어 인도인들의 사고방식과 행동에 대해 분노게이지가 급상승 중이다. 발단은, 다음 학기 기숙사비를 내기 위해서 기숙사 행정실^{CCW}에 갔던 일이었다.

Q 인도의 행정을 한마디로 표현하면?

A 정말 답답하다.

느린 것이 문제가 아니다. 상대방의 입장에서 생각해 보려고도, 상대방을 위해서 일하려고도 하지 않는다.

•••기숙사 행정실

30분 동안 줄을 선 후, 드디어 내 차례가 돌아왔다.

"저, 다음 학기 기숙사비 어떻게 내면 되는지 알아보러 왔는데요."
"그래. 이거 작성해." (거들떠보지도 않는다.)

"이것이 어떤 것인데요?"
"일단 그거부터 작성하고 물어봐."

어설픈 영어실력으로 읽어보니 기숙사비가 아니라 급식비용과 관련된 종이다. 좀 이상했지만, 우선은 하라는 대로 작성했다.

다시 30분 뒤,
(처음부터 다시 줄을 서야 했다는 것은 굳이 언급하지 않겠다.)

"저, 일단은 다 작성했어요."
"그래, 그럼 가봐."

이때쯤이면 좀 황당하다.

"아니 기숙사비 이야기는 하지도 않았잖아요."
"기숙사비? 아, 그건 저 옆 사람에게 가봐."

이 사람에게는 내가 무슨 일 때문에 찾아왔는지, 내가 무엇을 필요로 하는지는 관심 밖이다. 그저 자기가 담당하는 일은 '급식'이고, 자기한테 찾아왔으니 당연히 자기가 할 일은 '급식'에 관한 문제인 거고, '급식' 문제만 깔끔하게 해결하면 자기는 'No Problem'이다. 당장 기숙사비를 내려고 온 나는 'Problem'이다.

나는 IIT에서 2개의 동아리에 가입했다.

NSS(National Service Scheme)

인도 정부에서는 만든 범 국가단위의 봉사조직이다. 전국에 산재해 있는 각 대학별로 NSS 지부가 설치되어 있으며, 각 지부에서는 대학생들을 주축으로 인근의 사회복지시설과 연계된 사회활동을 하고 있다.

아이빌(IIT-Village)

첸나이 인근의 농촌 마을들을 발전시키기 위해서 활동하고 있는 IIT 동아리이다. 듣기로 IIT 교수님 중 한 분이 첸나이 근처에 있는 2개의 마을을 섭외했고, 그곳에서 신(新) 농법을 시도하고 있다고 한다. 아이빌 친구들은 학기 중에 그 마을들을 방문해서 마을 아이들을 가르치고, 마을 사람들에게 위생 교육을 실시하며, 마을 농부들이 신(新) 농법을 제대로 실천하고 있는지 모니터링 하고 있었다. 한국으로 치면 1930년대 유행했던 '브나르도 운동'정도 될 것이다.

첫 농촌 마을 답사

나탐Natham마을에서

'8월 15일' 한국의 광복절이자, 인도의 독립기념일.

이틀 전 금요일에 나는 클래스메이트인 'A'에게 무슨 동아리를 하냐고 물어보았고, 아이빌 IIT-Village 이라는 동아리를 소개받았다. 음, 솔직히 말하면 'A'라는 친구에 대해서 좀 더 알고 싶었다. 그렇다고 무슨 흑심이 있었던 것은 아니고, 남자라면 으레 예쁜 여자애하고 괜히 가까워지고 싶은 그런 거였다. 어쨌든 나는 아이빌 멤버가 되었고, 오늘 처음으로 현지 농촌 답사를 떠나게 되었다.

첸나이는 역시 상상할 수 없을 정도로 복잡하고 숨이 탁 막히는 도시다. 이는 고속도로를 타고 도시 근교에 나가면 더 심해지는데, 차 밖으로 보이는 공장들에서는 시꺼먼 연기가 아무렇게나 뿜어져 나오고 있었다. 나는 진실로 인도 친구들의 평균수명이 걱정되었다. 물론, 인도에서 한국과 같은 환경 규제를 기대하지는 마라(제3세계에 가보면 알겠지만, 한국은 정말 괜찮은 나라이다.).

그러기를 한 시간 반.
그런데 갑자기 내 눈에 이전과는 전혀 다른 풍경이 펼쳐졌다.

마을에 도착하자마자 어떻게 알았는지 마을 꼬맹이들이 우리들을 뺑 둘러쌌다. 한눈에 보기에도 외지 사람에 대한 장난기가 가득한 눈초리다. 더군다나 나는 유일한 외국인인지라 온 아이들의 주목을 받았다.

이럴 때는 약간 오버해서라도 먼저 다가가는 것이 상책이다. 한국에서 1년 넘게 공부방을 했었고, 그 덕분에 처음 아이들과 만났을 때 벽을 깰 수 있는 기술들을 알고 있었다. '눈싸움, 얼굴 들이밀기, 장난치고 모른척하기, 동작 따라 하기, 표정 일그러뜨리기, 눈높이까지 들어 올리기 등등.'
이번에는 하이파이브가 제대로 먹혔다. 인도 깡촌 아이들이 언제 동양인 남자하고 하이파이브를 해보랴. 한 아이한테 하이파이브를 하니 다른 녀석들도 달려들었다. 그리고는 막 자기 차례라고 한다.

'그래, 그래, 알았어. 아프다고 울지만 마렴. 팍, 팍, 파팍….'

잠시 아이들 설명을 하면, 전체 마을 아이들은 20명 남짓이었다. 5살부터 13살까지 다양한 분포를 보였고, 남자아이 여자아이 가릴 것 없이 무척 활달했다. 이 꼬마녀석들은 원래 근처 저수지에서 빨가벗고 수영하던 중이었단다. 그런데 마을에 외지 사람들이 몰려오니 무슨 일인가 하고 신이 나서 달려온 것이다.

같이 왔던 아이빌 친구들은 마을 꼬마들을 마을회관으로 인솔했고, 잠시 뒤 수업이 시작되었다. 마치 TV 다큐멘터리에 나오던 그 모습 그대로이다. 찐하다는 마음보다는 오히려 현실감이 들지 않았다.

신기했던 것은 아이들이 장기자랑에서 인도 전통춤을 보여줄 때, 갑자기 왈칵 울어버릴 것 같은 충동을 느꼈다는 점이다. 이유는 모르겠다. 삶의 무게에 절은 늙은이의 이미 딱딱하게 굳어버린 눈망울에서, 나무 주룽처럼 깊

게 패인 주름살 사이로, 한줄기 눈물이 흘러내리는 그런 기분일까? 그 노인
은 이미 얼굴이 굳어져버려 어떤 표정도 지을 수 없지만….〈출처 불명〉

　어젯밤, 기숙사 방안에서 끝끝내 나를 선택하지 않았던 그 사람에 대해
생각했었다. 서운하다거나 원망하는 마음은 들지 않는다. 오히려 사랑할
수 있는 기쁨을 준 그 사람이 고마웠다. 그저 그 사람이 나를 부담스러워 하
고 있었다는 것을 모르고 떠날 수 있었다면….

저수지? / 똥물? 에서의 수영

그리고 이날, 내가 평생 간직하고 살아가야 할 '선물'이자 '짐'을 얻었다.

마을 꼬마들은 동양에서 온 내가 무척 신기했는지 계속해서 내 주위를 맴돌았다. 그리고 끈질기게 꼬레아, 꼬레아를 불러댔다. 그리고….

(도저히 알아들을 수 없는 타밀어)

காதல1இதனால்தரவாம்.

나는 뭔가 싶어서 옆에 있던 아이빌 친구에게 무슨 뜻이냐고 물어보았다.

"종, 아이들이 같이 수영하러 가자는데?"

하하. 수영이다. 수영. 한국에서 현대식으로 지어진 실내 수영장에서 하는 수영이 아니라, 맑은 물이 흐르는 실개천 계곡에서 하는 수영이 아니라, 애들도 들어가고 물소도 함께 들어가는, 그래서 애들도 볼일을 보고 물소도 볼일을 보는, 그런 저수지?/똥물?에서 수영하는 것이다. 그런데 어쩌랴, 아이들이 이렇게 원하는데….

잠시 보수적이라고 하는 인도 문화가 걱정되어 리더인 듯한 친구(스네하)

에게 수영하러 가도 되는지 물어보았다.

"저, 애들이 저렇게 원하는데, 같이 수영하러 가도 될까?"
"NO problem."

"진짜로 괜찮은 거야?"
"No problem. You can do anything you want in India."

역시 인도식이다. 나는 그 말을 듣는 순간 웃통을 벗어젖히고 저수지까
지 맨발로 달렸다. 사실 한낮 땡볕에 땅이 달궈진 상태라 뛰지 않으면 발바

참조 사진

닥이 익어 버릴 것 같았다. 그런데 마을 꼬마들은 내가 수영하러 가는 게 신나서 뛰어가는 줄 알고 자기들도 신나 죽겠단다.

순간, 아이빌 친구들, 특히 마을 어른들은 경악했다. 어제가 오늘 같고 오늘이 내일 같은 한적한 시골 마을에서, 대낮에 동양에서 온 남자가 웃통을 벗어젖힌 채 달리고 있다. 그 뒤를 온 동네 꼬마들이 우르르 쫓아가고 있다. 더군다나 그 길은 마을 한복판을 관통하는 대로이다.

그때, 샤무감과 샤티쉬라는 친구 2명이 황급히 따라왔다(나중에 이 친구들과 절친이 되었다.).

(다급하게)
"종, 종, 너 그 물이 어떤 물인지 알고서 들어가는 거야? 거기는 호수가 아니라 늪이라고."
"알고 있어. 좀 많이 더럽기는 하지만, 그래도 한 번 정도는…."

"그게 아니라, 얼마 전에도 남자 2명이 빠져 죽었단 말이야."
"뭐, 2명이나 빠져 죽었다고??"

쫄았다. '내가 늪에 빠지면 날 건져줄 사람이 있을까?'

그러나 이미 엎질러진 물이다. 뒤따라오는 아이들이 있는데 여기서 내뺄 수는 없다.

나는 한발 한발 조심스럽게 저수지?/똥물? 속으로 들어갔다. 워낙 더러운 물이라서 물속은 전혀 보이지 않았다. 언제 깊게 쑥 빠져버릴지 몰랐기 때문에 발바닥으로 바닥을 더듬으며 들어갔다. 한 걸음 한 걸음이 살얼음 위를 내딛는 기분이었다.

여기까지가 내가 비장의 각오로 목숨을 걸고 연못에 들어간 상황이다. 그렇다면 아이들의 상황은?

한마디로 살판났다. 나보다 한발 먼저 도착한 아이들은 순식간에 옷가지들을 모두 던져버리더니 고추까지 훤히 드러낸 채 물속으로 다이빙을 시작했다. 그리고 그 구정물 속에서 자기들끼리 잡고, 밀고, 끌어당기고, 정말 신나게 논다. 그리고 나한테도 어서 깊은 물로 들어오라고 한다. 괜찮다고. 어서 팍팍 들어오라고;;

　이렇게 너무나도 건강하고 아름다운 장면에서 내가 어찌 빠질 수 있겠는가. 나는 한발 한발 다가가서 내 앞에 있는 아이들에게 엄청난 물 폭탄을 안겨주었다. 물론 발끝만큼은 여전히 살얼음을 걷고 있었다.

　그러기를 30분 정도 지났을까? 내 물놀이는 그리 오래가지 못했다. 일단, 30분 넘게 빨리 나오라고 소리치고 있는 두 친구에게 미안했다. 그리고 어느새 온 마을 사람들이 내 주위를 둘러싸고는, 마치 동물원 원숭이 보듯이 지켜보고 있었다. 그 수많은 눈동자 앞에서 아이들과 물장구치고 있기는 역시 계면쩍었다.

　물속에서 나오기 직전에 마지막으로 아이들이 물장구치며 놀고 있는 모습을 바라보았다. 때마침 저물어가는 해가 저수지?/똥물?을 황금빛으로 물들이고 있었다. 그 반짝이는 저수지?/똥물?을 튀기며 마음껏 물장구치는 아이들도 눈부실 정도로 빛났다. 나는 눈부시도록 빛나는 그 저수지?/똥물?이 내 입속에만은 튀지 않았으면 하고 간절히 염원했다.

강의 중에 · 1

　지금은 '인도의 경제 발전 India Economy Development' 수업시간이다. 교수님은 한눈에 보기에도 좌중을 압도하는 명강의를 펼치고 있다.

　그러면 나는 지금 왜 이 글을 적고 있는가?
　그것은 여기 있는 40여 명의 학생 중에서, 오직 나 혼자만 강의를 전혀 이해하고 있지 못하기 때문이다. 어젯밤 식민지 시절(1945년 이전) 인도 경제에 대해서 2시간 동안이나 공부하고 왔는데, 지금 강의에서는 1966~1973년 인도 경제에 관해서 이야기하고 있다.

　나는 바보다.
　나는 바보다.

강의 중에 · 2

여자 친구하고 함께 수업을 듣는 기분이 이런 것이려나.

ANU하고는 한 주에 7시간이나 단둘이 앉아서 수업을 듣는다. 강의 내용을 이해하지 못해 지루해하는 나와 달리, ANU는 그저 수업이 재미없나 보다. 수업 내내 공책에 그림을 그리기도 하고, 펜을 돌리기도 하고….

그 때, ANU가 나를 뚫어지라 쳐다본다. 그러면 나도 질세라 ANU를 뚫어지게 쳐다본다. 자, 눈싸움 시작!

이국의 소녀와 이렇게 눈싸움하는 것도 그리 나쁘지는 않다.
크고 초롱초롱한 눈, 빨갛고 뚜렷한 입술, 인도 전통식으로 세공된 갖가지 액세서리들….

잠시 후, ANU가 고개를 반대쪽으로 돌렸다. 아무래도 이국의 남자가 자기를 근거리에서 뚫어지라 바라보고 있었으니 좀 부끄러웠나 보다. 아무튼, 내 작은 승리다. 그런데 그때 ANU가 다시 고개를 내 쪽으로 휙 돌렸다.
메롱!

세상에나. 보수적이라고 하는 인도 소녀가.

IIT 친구들과 함께한 조별활동

　나는 이번 학기에 '현대의 인도 : 사회학적 관점 Contemporary India : A Sociological Perspective'수업을 수강했다. 이 수업에서는 매 학기마다 조별활동으로 IIT 근처 마을에서 필드워크를 진행한다.

　우선, IIT 친구들. 좋은 말로 하면 걱정이 없고, 나쁜 말로 하면 개념이 없다. 학기 말까지 조사 보고서를 제출해야 한다면, 그리고 이 과제가 시간이 오래 걸리는 과제라고 한다면, 당연히 서둘러서 전체 계획을 짠 다음에 단계별로 차근차근 진행하는 것이 맞을 터였다(이것은 한국인의 관점이려나??). 그런데 담당 교수님이 아무리 닦달해도, 이 녀석들은 조별 구성조차 마무리 짓지 않고 있었다. 담당 교수님이 학생들에게 진행 상황을 물어보면, 항상 나름대로 준비 중이라고 말한다. 그러나 나는 알고 있었다. 이 녀석들 실제로는 아무것도 하지 않고 있었다.

　그러자 하루는 담당 교수님이 초강수를 들고 나왔다.

"다음 달 9일(정확히 10일 후) 필드워크 과제를 발표한다."

담당 교수님의 화끈한 선전포고가 선언되자, 여기저기서 학생들의 죽겠다는 신음소리가 흘러나왔다. 그러나 담당 교수님은 이 모든 것들을 이미 꿰고 있다는 듯, 확실한 '피니시블로'를 날렸다.

"나는 이미 충분한 시간을 주었다. 기한 내에 조사 보고서를 발표하고 말고는 너희들 사정이다(It's your problem, 역시 인도 스타일)."

정말로 재밌다. 갑자기 애들이 부지런해졌다. 그날 밤 구글 클럽이 개설되더니, 한 달을 끌어온 조별구성이 순식간에 마무리되었다. 그리고 근 하루 만에 설문 문항이 모두 만들어졌다. 이것은 집단 지성의 힘인가? 아니면 발등에 떨어진 불의 힘인가?

물론, 이 친구들은 나한테 상의도 통보도 하지 않았다. 걱정이 되어 쓱 살펴보니 '설문 문항'은 한눈에 보기에도 허접했다. '연구 가설은 무엇인지?', '어떤 변수를 통제하려고 하는지?', '조사항목은 무엇인지?' 등등 도대체 무슨 연구를 하자는 것인지 알 수가 없었다. 뭐, 온라인상에서 단 하루 만에 설문 문항을 만들었으니 말 다했다.

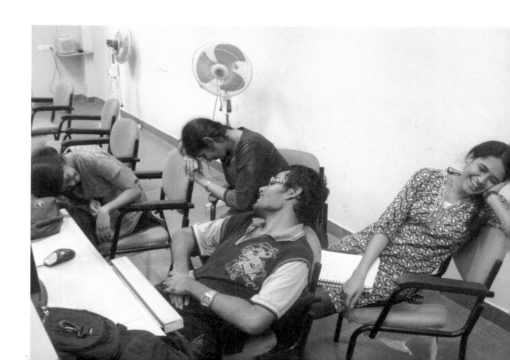

아마도 완전히 다른 시간 개념을 가진 인도 친구들 사이에서, 나는 항상 구조적인 약자였다.

설문 문항을 단 하루 만에 만들어낸 그 주에, 나는 내 절친인 ANU와 카니쉬에게 필드 워크 날짜가 언제인지 3차례나 확인했다. 영어가 부족한 나로서는 사전에 준비해두지 않으면 제대로 된 조사를 할 수 없었기 때문이다.

"정확히 언제쯤 필드 워크를 가는 거야?"
"응, 나중에 확정되면 알려줄게, 아마도 이번 주 토요일에 가지 않을까?"

"필드 워크를 하려면 엄청나게 많은 시간이 소요될 텐데."
"너무 걱정하지 마, 우리가 많이 도와줄게."

그렇게 아무런 연락이 없는 채로 시간이 흘렀다. 나는 목요일까지 연락이 없길레, '다음 주에나 필드워크를 다녀오려나 보다.'고 생각하고 있었다.

그런데 무려 금요일 오후 2시, 갑자기 연락이 왔다.

"종, 우리 이따 4시에 필드워크 갈 건데, 어서 준비해서 가젠드라 서클(학교 중앙에 있는 주요 약속장소)로 나와."

어이없다. 필드워크를, 필드워크 가는 당일 날, 그것도 고작 2시간 전에 통보했다. 어디 친구들끼리 놀러 가도 이렇게 약속은 안 잡겠다. 그래도 어쩌랴. 화낼 수도 없고….

오후 3시 55분.

나는 급작스러운 통보에, 오후 약속을 모조리 취소했다. 그리고 한국인의 특성대로 약속 시각보다 5분 일찍 도착해서 기다리고 있었다.

그리고 4시.

안 온다.

4시 10분.

메시지 한 개가 날아왔다.

"종, 우리 좀 늦을 것 같아. 천천히 오렴:D"

하하. 이것도 내 잘못이구나….

나는 4시 반이 되어서야 내 친구들 얼굴을 하나하나 볼 수 있었다. 그리고 친구들이 모두 모이기까지는 1시간을 더 기다려야 했다.

••• 필드 워크 현장에서

조사 장소는 베산나가 비치 Besant-Nagar beach 부근이었다. IIT-Madras 에서 오토릭샤로 10분 정도 거리다. 시간은 이미 오후 5시 반이다. 이미 1시간 넘게 기다렸던 나는 분노를 넘어서 체념의 경지에 들어서고 있었다.

그런데,
조사 장소에 도착하자마자 이 녀석들 다시 토론하기 시작한다.

스물넷, 인도에서 한국까지 걷다

"우리 처음에 뭐 물어봐야 할까?"
"이건 질문이 좀 그런 것 같고, 이렇게 물어보는 건 언제…?"

해 진다.

• • • 설문조사

우리 조를 이끌었던 사람은 바스마라고 하는 정말로 아름답고 능력 좋은 숙녀(?)였다. 같은 학년임에도 ANU는 예쁜 여자아이라고 느껴지는 데 반해, 바스마는 아리따운 숙녀로 느껴졌다. 바스마는 우리 조원 5명을 이끌고 (1명은 나) 눈에 보이는 집집마다 노크하고는 집주인한테 매달렸다. 웬만한 한국의 외판원에도 뒤지지 않는 실력이다.

신기한 것은, 한국과는 정말로 다르게 인터뷰 성공률이 90%에 육박했다는 점이다. 심지어 젊은 여자가 혼자 있는 집에서도 흔쾌히 인터뷰할 수 있었다. 아마도 우리가 IIT-Madras에서 온 학생들이라는 것을 듣고는 선뜻 승낙해 주었던 것 같다.

한편, 설문 조사도 일사천리로 진행되었다.
경계심과 긴장을 풀기 위해서 처음에 가볍게 주고받는 이야기 따위는 전혀 필요하지 않았다. 그저, 다짜고짜,

"남편은 어느 지역 출신인가요?"
"델리에요."

"연애결혼이신가요? 아니면 중매결혼이신가요?"
"중매결혼이요."

"한 달 수입은 얼마나 되죠?"
"아마 3만 루피(약 60만 원) 정도 될 거예요."

"지지하는 정당은 어디시죠?"
"저는 Congress보다는….."

'여기서는 이렇게 해도 되는구나….'

나는 어안이 벙벙했다.

• • • 조사 중이었던 일

내가 방문했던 집은 총 3가구

첫 번째 집.
60세가량으로 보이시는 할아버지 할머니가, 더욱 연세가 많은 고령의 증조할머니를 모시고 사는 집이었다. 나중에 알고 보니 베산나가 비치에는 주로 공무원이나 회사원들이 은퇴 후에 한가로이 지내는 경우가 많다고 한다.

두 번째 집.
20대 후반의 여성이 갓난아이와 함께 있었다. 여자 혼자 있는 집이라 걱정했었는데, 놀랍게도 흔쾌히 안으로 들어오란다. 거실에 소파, 식탁, 냉장고 각각 하나만 놓여있는 무척 간소한 살림살이다. 이 분은 뉴델리 출신인데, 4살 연상의 남편과 결혼한 후에 첸나이에서 생활하고 있었다. 영어를 무척 유창하게 구사하는 것이 인상적이었다.
재미있던 점은, 북부 출신(힌디어 사용 지역)의 자신이 남부 지역인 첸나이

(타밀어 사용 지역)에서 살다 보니, 다른 사람들과 의사소통을 하기가 어렵다고 한 점이다. 특히 릭샤왈라나 가게주인들한테 바가지를 쓰는 경우가 많다고. 인도 사람도 같은 인도 사람에게 바가지 쓰고 있었다.

••• Q. 한국인은 어느 카스트에 해당할까?

마지막 집.
이 집에서는 나는 '신분 차별'이라는 것을 처음으로 경험하게 되었다.

마지막 집에서는 할아버지 두 분과 할머니 한 분이 생활하시고 있었다. 우리조 조장인 바스마가 한 달 수입이 얼마나 되느냐고 여쭤보니, 씩 웃으면서 '0' 원이라고 말씀하신다. 그렇게 소소한 이야기가 진행되던 중에, 할머니께서 주방에서 의자를 더 갖다 주겠다며 일어나셨다. 아마도 앉을 자리가 부족해 서 있어야만 했던 친구들이 안쓰러웠나 보다. 그래서 나도 좋은 마음에 의자 나르는 것을 도와드리겠다며 할머니를 따라 주방에 들어가려고 했다. 그런데 할머니께서는 (약간 격양된 목소리로) 그럴 필요 없다고 그냥 여기 앉아 있으라고 하신다. 내가 다시 괜찮다고 도와드리겠다고 하니, 이번에는 친구들까지 나서서 그냥 앉아있으라고 한다. 나는 무슨 이상한 낌새를 눈치챘다.

그 후, 그 집을 나서자 같은 조원인 카니쉬가 상황을 설명해 주었다.
"그 집 사람들은 브라만인데, 브라만들은 밤에 브라만이 아닌 사람을 집 안으로 들이는 것을 극도로 싫어하거든."

참고로 이야기하면, 인도의 카스트 제도에서 외국인인 나는 Out-caste다. 왜냐하면, 힌두교가 아닌 나는 애초에 카스트 제도에 포함되지 않기 때문이다. 인도에서 나와 같은 그룹의 친구들로는 빨래 빠는 계급인 도비 Dhobi, 가축 시체를 처리하는 차마르 Chamar, 똥오줌을 치우는 방기 Bhangi 등이 있다. 이들의 다른 이름은 불가촉천민 Untouchable 으로, 손을 댈 수 없는, 즉 손을 대기만 해도 오염되는 더러운 존재들이라는 뜻이다.

한편, 인도 문화에는 Atithi devo bhava = Guest is god 이라는 개념이 있다. 손님은 신과 같으니 항상 성심껏 대접해야 한다는 말이다. 덧붙여서, 인도 사람들은 한국을 잘 사는 나라로 알고 있고, 한국 드라마/영화를 무척 좋아한다. 그래서 한국 사람은 어디를 가나 대체로 환영받는다.

인도에서 나는 Out-caste인가? 아니면 Guest인가?

변하고 싶은 모습을 연기하는 것

낯선 환경으로 떠난다는 것은
새로운 내가 될 수 있다는 것을 의미한다.
아무도 나를 모르는 곳에서
전부터 꿈꿔오던 모습을 연기할 수 있다.

내가 처음 낯선 환경에 던져졌던 것은 서울대에 입학했을 때였다. 단돈 30만 원을 들고 집에서 독립하게 되었을 때, 내 가슴속에는 어떻게든 혼자 힘으로 살아남겠다는 비장함만이 가득했다.

그때 나는 의도적으로 어른인 척 행동했다. 스스로 생계를 책임지고 있다는 점에서 자부심을 느끼면서도, 아무런 굴레 없이 즐겁게 생활하는 친구들이 부러웠다.

그러나 나는 확실히 어렸다. 이 점을 어떻게 단언할 수 있냐면은, 이 후 군대에서의 내 모습이 어린애 그 자체였기 때문이다. 군대 자대에 배치된 첫날, 같은 내무실 병장이 자기 이름표를 가리키며 한 번 읽어보라고 했다. 나는 뭣도 모르고 'ㅇㅇㅇ입니다.'라고 이름만 읽었다. 물론, 내무실에서는 난리가 났다. 그 이후 나는 훈련소 때 받은 첫 월급봉투가 없어진 것도 이틀 후에나 발견했고, 이등병 놀이에도 보기 좋게 당했다. 말 그대로 어리버리 탔다.

　그렇게 세월이 흘러 나도 상병이 되고 병장이 되었다. 나는 단조롭고 무의미한 일상에 절규하며 나에게 강제로 주어진 2년이라는 휴식시간을 가까스로 견뎌내고 있었다. 그러다 문득 내 가슴속에 참을 수 없는 욕망이 끓어올랐다.

　'한 번 나쁜 사람이 되보는 것은 어떨까?'

　그리고 인도. 이곳에서는 아무도 나에 대해서 모른다. 한국인의 문화라는 것도 모른다. 그래서 나는 전에는 하지도 않았던 행동도 거리낌 없이 할 수 있다.

　어느 비 오는 날, 학교 안에 있던 병원 현관에서 한 할아버지가 미끄러운 계단을 내려가고 있었다. 한국에서였다면 미처 못 봤다는 척 연기했을 것이다. 그리고 속으로는 행여 다른 사람들이 이런 나를 보았을까봐 노심초사했을 거다.

　그러나 이곳에서 나는 당당히 할아버지를 부축해 드렸다. 비에 홀랑 젖는 것도 개의치 않았다. 나는 선한 행동을 했는가? 아니다. 나는 그저 선한 행동을 연기했을 뿐이다. 아무도 나에 대해서 모르는 곳에서….

IIT life 마감

    그 이후에도 IIT에서 수많은 사람들을 만났고, 그 사람들과 진실로 감사한 시간을 보낼 수 있었다. 그러나 이것은 나와 내 친구들에게만 의미 있는 시간일 뿐, 다른 사람들에게는 단조로운 반복으로 여겨질 것이다.

    내가 이 글에서 전달하고 싶은 것은,
'나라는 사람이 얼마나 즐겁게 지냈느냐'가 아니라,
'나라는 사람이 이 시간 동안에 어떻게 변화해 나갔는가'이다.
(내 사례를 다음 사람이 참고할 수 있도록)

    그래서 IIT 이야기는 이것으로 마감한다.
    그리고 이제부터는, 본격적으로 인도에서 한국까지의 귀국 여정을 이야기하려고 한다.

이소

2장

인도에서의 여행 1

(배낭을 메면) 아무리 귀한 것일지라도 꼭 필요한 것이 아니면 짐일 뿐이다.

첫 번째 여행

내 이야기를 뱅갈로르Bangalore에서 만났던 '마스터 Lee'와의 만남으로 시작하려고 한다. 왜냐하면 '마스터 Lee'는 지금까지 내가 만났던 사람 중에서 나와 가장 닮은 사람이자, 그 후 2년 가까이 지속된 내 여행의 방향을 결정지었던 사람이기 때문이다.

15년 동안 인도 뱅갈로르에서 태권도 선교를 해 오셨다는 마스터 Lee. 한창 혈기 왕성한 20대 청년 시절에 인도로 건너와서 길거리의 가난한 아이들을 돌보셨다. 젊은 시절엔 가진 돈이 없어 굶기는 예사였고, 물 사 먹을 돈도 아까워서 현지인들처럼 'public tab'에서 나오는 녹물을 그냥 벌컥벌컥 마셨다고 한다. 그 때문에 나중에는 몸 안에 담석이 생기셨다고.

그 후 세월이 흘러 지금은 인도에서 만난 사모님(한국분)과 결혼하셔서 형제애가 두터운 두 아들을 두셨고, 전前 인도 태권도 국가대표 코치를 맡을 정도로 자리를 잡으셨다.

내게 무엇보다도 인상적이었던 점은, 마스터 Lee의 제자들이었다. 지금도 내 소중한 친구들인 '요가난, 가르틱, 프라샷, 등등'. 10여 년 전, 뱅갈로르의 골목길을 떠돌던 이 아이들은, 어느덧 모두 성인이 되어서 누구는 '태권도 사범'이 누구는 '목사'가 되었다. 씨앗이 썩어 문드러져야만 그 위에 곡식이 맺힐 수 있다는 이야기처럼, 마스터 Lee도 자신의 청춘을 바쳐서 이 아이들을 사회의 존경받는 일꾼으로 키워내셨다. 여행 중 목격했던 진실로 따뜻했던 모습이었다.

뱅갈로르 역에 도착한 후, 마스터 Lee께 전화를 드렸다.

"안녕하세요, 저 첸나이에서 마스터 양 소개로 전화드리는…."
"Nice to meet you. Welcome to Bangalore. You can find my Taekwoondo ground…."

굳이 한국어가 아니라 영어로 말씀하신다. 나는 일종의 테스트라는 것을 직감했다.

태권도장에서 나는 키가 190cm는 훨씬 넘는 백발이 성성한 40대 중반의 남자와 마주했다. 태권도장에 있던 인도인 제자들은 이 남자에게 120도로 깍듯이 인사하며, 말끝마다 'Yes, Master', 'No Problem, Master' 등 'Master' 라는 단어를 꼭 붙였다. 분명 범상치는 않은 사람이었다.
……
……
……

이날 어떤 대화가 오고 갔는지 정확히 기억나지 않는다. 나는 그저 서툰 영어 실력으로 내가 어떤 목표를 갖고 인도에 왔는지, 그리고 어째서 이곳 저곳을 여행하고 있는지를 말씀드렸다.
무척 신기했다. 영어로 이야기하니 20년 가까운 나이 차이가 그다지 느껴지지 않았다. 내 꿈에 관해서 이야기할 때 불필요한 수사나 과장은 전혀 필요가 없었다. 오직 이야기의 핵심만을 말했다. 마치 '벗'을 만나는 느낌이었다.

　이제야 내가 하려는 여행이 무엇이었는지 알게 되었다. 지금까지는 여행할 장소를 정하고, 그 곳에서 만날 사람을 찾았었다. 그러나 앞으로는 만나고 싶은 사람을 찾고, 그 사람을 만나기 위해서 여행할 것이다.

나갈랜드 Nagaland

인도
INDIA

나갈랜드

나는 왜 여행지로 나갈랜드를 선택했는가?

그것은 단연 내 의형제인 Chingmok(정말 잘생긴 미소년)과 라동(라면 & 우동)이 나갈랜드 사람이기 때문이었다.

나갈랜드는 인도의 수도 델리에서 기차로 40시간, 내가 있던 첸나이에서는 기차로 65시간 정도 떨어진 인도-미얀마/버마 국경의 변방 도시이다. 인도가 영국으로부터 독립했던 주장했던 것처럼, 나가 NAGA 족 역시 인도로부터 독립을 주장하며 분리주의 운동을 펼쳐왔다. 그리고 그 연장선에서 현재에도 인도 중앙 정부의 승인을 받은 '나갈랜드 주정부'와 나갈랜드 사람들에 의해 비밀리에 운영되고 있는 'NAGA Underground 정부'의 대립이 진행 중이다. 한국에는 주로 크리스천 비율이 98%에 이르는 축복받은 장소로만 알려졌다. 그러나 사실은 무척 슬픈 역사를 가진 곳이다.

나갈랜드에 처음 들어갔을 때, 솔직히 쫄았다. 무지하게 쫄았다. 나갈랜드와 관련된 정보는 거의 찾아볼 수 없었고, 오직 친구들에게 들을 수 있었던 이야기는, 납치, 살인, 총격, 그리고 '헤드헌팅 Head Hunting'이 만연하다는 것뿐이었다. 말 그대로 머리를 베어가는 헤드헌팅이다. 실롱 Shillong에서 13시간 동안 야간 버스를 타고 나갈랜드에 들어갔는데, 그때 같은 버스를 탔던 나가 녀석들 몸에는 왜 그렇게도 문신이 많은 것인지…. 버스 안에서 무슨 강도라도 당할세라 오들오들 떨면서 13시간을 버텼다.

• • • 디마푸르(Dimapur) – 나갈랜드의 관문도시

디마푸르에 도착하기는 했다. 중간중간에 검문소가 많아서 긴장하기는 했지만 어쨌든 무사히 도착했다. 아침 6시, 그런데 밖에는 비가 주룩주룩 내린다. 들어가는 호스텔마다 지금은 너무 이른 시간이라 방이 없다고 한다. 당장은 건물 앞 처마 아래에서 쪼그리고 앉아있는 것 말고는 아무 방법이 없다.

400루피(약 8천 원)에 괜찮은 방을 하나 잡았다. 욕실도 딸려있고, TV도 깔끔하게 잘 나온다. 조금 으슥한 곳에 있는 것이 마음에 걸렸지만, 뭐 그래도 이 정도면 나쁘지 않았다.

어설픈 여행자

　나갈랜드에 도착한 첫날, 이곳저곳을 바쁘게 돌아다녔다. 내 친구 라동의 소개로 아방 누나를 만났고, 다시 아방 누나 소개로 내가 만나고 싶었던 사람들 집을 한 곳 한 곳 돌아다녔다. 그러다 보니 어느덧 밤 10시 반이다. 내심 지금 있는 집에서 자고 가고 싶었으나 초면에 이런 부탁을 하기는 영 껄끄러웠다. 어차피 내 숙소까지는 걸어서 10분 거리다.

　그런데 대문 앞을 나서는 순간,

　아무것도 안 보인다. 비가 추적추적 내리는 시골길에는 전등도 가로등도 아무것도 없었다. 암흑 그 자체다. 갈등했다. 그저 남자답게 용기를 내서 숙소까지 걸어가야 하나. 아니면, 조금 비굴하더라도….
　나는 잠시 고민하다 도저히 안 되겠다 싶어서, 염치 불부하고 그 집에서 하루 신세를 졌다.

••• 그리고 다음 날 아침

아침이 되어 나름대로 안전이 확보되자, 나는 원래 머물던 숙소로 돌아갔다. 그리고 오늘 나를 마중 나오기로 한 케니를 기다렸다. 그런데 1시간쯤 지났을까, 방 밖에서 들려오는 앙칼진 목소리가 장난이 아니다.

"Mr. 종, 거기 있어? Mr. 종, 어디 있어?"

온 숙소 안을 쩌렁쩌렁하게 울리는 목소리에, 나는 무슨 일인가 싶어 얼굴을 내밀었다가 호되게 야단맞았다.

"Mr. 종, 어젯밤에 어디 갔었어?"
"아, 그게 어제 이리저리 돌아다니다 보니까 밤길이 너무 어두워져서, 그래서 다른 집에서 하루 신세 졌어요."

"Mr. 종, 큰일 날 소리 하네. 여기 이 숙소 부근은 sex worker들이 상주하는 지역이라 gang들이 우글우글하다고. 얼마 전에도 납치 실종 사건이 몇 건이나 일어났는지 몰라."

나는 순간 등골이 오싹해졌다.

Lovecare Home

그 일이 있은 후, 케니는 자기가 사는 곳으로 나를 데리고 갔다. 아마 나 갈랜드까지 흘러들어온 어리버리한 청년이 행여 변사체로 발견되지나 않을까 걱정되었나 보다.

디마푸르 공항 근처, 채석장에서 뿜어져 나오는 흙먼지가 자욱한 '3 mild road'. 그곳에 케니와 그녀의 두 자매가 16명의 아이들과 함께 살아가고 있는 Lovecare Home이 있다. 50여 평 남짓한 집터에는 대나무 벽으로 만들어진 초가집 두 채가 서 있고, 그 초가집 바닥에는 겨우 시멘트만 발라져 있다. 뱅갈로르와 첸나이에서 신학을 공부했다는 케니는 디마푸르로 돌아와 결혼도 하지 않고 이렇게 9년째 근처 버려진 아이들을 돌보고 있다고 한다. 나는 처음으로 제대로 된 곳에 왔다고 생각했다.

• • • 어느 하루의 일상

이른 새벽, 아이들의 찬송가 소리에 잠이 깼다. 밝은 햇살이 대나무 벽 사이로 환하게 들어왔다. 시계를 보니 새벽 5시다. 나는 다시 잠을 청했다.

아침 6시 반, 다시 어기적어기적 일어나 보니 아이들은 이미 학교 갈 준비를 마치고 아침밥을 먹고 있다. 나는 부스스한 모습이 부끄러워서 차마 같

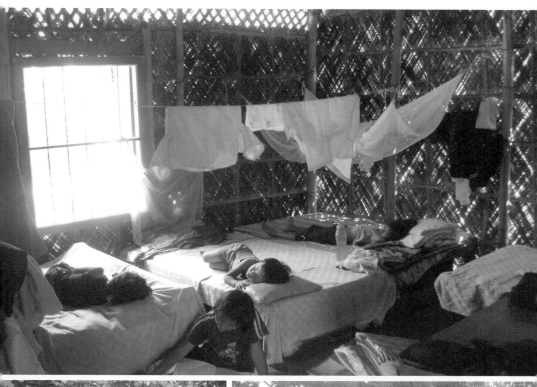

이 먹지는 못하고 그대로 마을 한 바퀴를 돌고 왔다.

그 후, Lovecare Home으로 돌아오니 꼬맹이들이 고사리 같은 손으로 마당에서 호미질하고 있다. 여기서는 모두 자신들만의 임무가 있다며 5살짜리 꼬맹이도 깨작깨작 잡초를 뽑고 있다. 이를 보고 있자니 도저히 나 혼자 쉴 수는 없었다. 나도 웃통을 벗어 던지고 손에 괭이를 쥐었다. 아직 여독이 풀리지 않아 몸에 힘은 하나도 없었지만, 그래도 마음은 홀가분했다.

• • • 모닝커피(x)/ 모닝짜이(o)

나갈랜드와 첸나이의 시차 때문에 피곤하다는 핑계로 오늘도 늦게 일어났다. 그런데 어떻게 알았는지 내가 일어나자마자 한 꼬맹이가 짜이(일종의 밀크티)를 끓여온다. 늦잠 잤던 나는 계면쩍어서 한사코 괜찮다고 말했지만, 그 꼬맹이 역시 한사코 막무가내다.

"No, brother, my duty, my duty."

이제는 내 차례다. 나는 짜이를 천천히 마시는 척하다가 그 아이가 안 보는 틈에 홀라당 마신다. 그리고는 냅다 수돗가로 달려간다. 아싸, 설거지 끝. 그러면 여지없이 그 꼬맹이가 허겁지겁 달려온다.

"No, brother, my duty, my duty."

··· 어느 날 밤

 밤 7시 반. 어둠이 가득 찬 주변에는 인적이 끊긴지 오래다. 전기 사정이
열악한 나갈랜드에서 밤은 짙은 검은색이다. 지금 이 주변에서 유일하게 빛
을 밝히는 것은 처마 밑에 달린 백열전구 한 개 뿐이다. 그 흐릿흐릿한 불빛
아래 16명의 꼬맹이들이 옹기종기 앉아있다.

(서툰 발음으로)

"How are you?"

"This is my pen."

"I like a cat⋯."

나는 도대체 무슨 생각을 했던 것인가?

나는 정말로 무슨 생각을 했던 것인가?

성공하고 싶다는 열망.

더 나은 삶을 살고 싶다는 열망

사랑하고 사랑받고 싶다는 열망⋯.

너무도 많은 것을 가진 내가

너무도 많은 것을 가지지 못했다고

욕심부리며 괴로워했구나⋯.

● ● ● 떠나는 날

이번에도 나는 아이들의 이름을 외우지 않았다. 여전히 내 머릿속에는 앞으로 무엇을 할지, 어떻게 해야 내 삶을 더 풍요롭게 할 수 있을지, 그런 생각들만 가득했다.

여자애 둘과 한집에서

Lovecare Home에서 진실로 감사한 시간을 보낸 뒤, 나는 내 의형제Blood Brother인 Chingmok네 집으로 거처를 옮겼다. IIT-Madras에서 Chingmok의 방은 신입생 패거리들의 아지트였다. 하루 일과가 끝나면 으레 덩치 산만한 신입생들이 Chingmok방에 모여들었고, 밤새도록 수다(?)를 떨었다. 과장 좀 섞으면 나도 내 방보다 Chingmok 방에서 잔 적이 더 많았던 것 같다. 물론, 이것은 극심한 과장이다.

오후 4시, 약속한 장소에 가니 어떤 아저씨하고 예쁘장하게 생긴 여자애가 마중 나왔다. Chingmok의 아버지와 사촌 동생(추정)이다(지금 생각해 보니 Chingmok, 처음부터 너는 어디에 갔었던 거냐…). 아무튼 그 두 사람을 따라 Chingmok네 집으로 갔고, 안내해 주는 방에 짐을 풀었다. 나는 조금은 어색했지만 Chingmok의 아버지께서 서툰 영어로 지내고 싶은 만큼 편하게 지내라고 말씀하셔서 마음을 놓을 수 있었다.

••• 그날 밤

부엌에서 요란한 소리가 난다. 멀리서 귀한 손님이 왔다고 아마도 특별 요리를 준비해 주려나 보다. 나는 모른척할까 하다가 그래도 고맙고 미안해서 한 번 기웃거려 봤다.

그런데,

예쁘장하게 생긴 여자애 둘이서(에니써 22, 나로 18), 생닭
의 배를 가르고 있다. 정확히 닭털만 뽑힌, 그래서 머리
도 달랑달랑 부리도 달랑달랑 거리는 생닭의 내장을 꺼
내려고 여자애 둘이 바둥바둥한다. 나가족의 여자 정말 강하다.

참고로 나는 닭이 정말 싫다. 징그러운 닭 머리, 오돌톨하고 미끈미끈한
닭발, 머리가 잘린 상태에서도 파닥파닥 뛰어다니는 몸통…. 뭐, 슈퍼에서
파는 손질된 닭은 잘 먹지만.

암튼, 날개며 발이며 특히 머리가(눈알 포함해서) 대롱대롱 달린 닭 속을 끄
집어낸다며 그 안에 손을 쏙 넣어서…. 그래도 사나이 자존심에 이런 것을
어떻게 여자애들한테 시키랴. 손짓으로 내려놓으라고 한 뒤 직접 나섰다.
그리고 오른손을 닭의 배속으로 쏙 집어넣는데, 미끈, 미끈, 으…. 의외로
따뜻하긴 한데, 우웩….

결국, 비위가 상해버렸다.

•••그 다음 날. 〈도대체 왜!!!〉

나는 지금도 이해하지 못한다. 어째서 이런 상황이 만들어졌는지. 도대체
누가 무슨 생각으로 이런 상황을 만든 것인지.

전날 아주 특별한 경험을 한 후에 조금 충격을 받았던지 느지막하게 일어
났다. 아침 9시 정도다. 그런데 일어나보니 아무도 없다.

"칭목, 칭목, 어딨어?"

그러자 옥상에서 빨래를 널고 있던 나로가 내려온다.

"Do you wake up?"

뭐 일단은 안심이다.

"나로, 칭목은 어디 간거야?"
"Ah, he went his friend house, and he will return tomorrow night."

아….

"그러면, 너네 아버님은?"
"Ah, he went his village, and he will return 1 month later."

엥…? 나로, 너무나 태연스럽게 이야기한다. 정말 아무렇지도 않게 말한
다. 이렇게 나는 Chingmok네 집에서(부모님도 안 계신 채로) 나로, 에니써, 나
이렇게 셋이서 생활하게 되었다.

마치 연애 시뮬레이션을
하는 것 같은

먼저, 불필요한 오해를 피하기 위해 내 의형제인 Chingmok의 여동생들은 내게도 소중히 보살펴야 할 동생들이었다는 점을 언급한다.

그러나….
상황은 그리 만만치 않았다. 지금 생각해 보면 피식 웃음이 나오지만, 그때는 정말 심각했다. 생각해 봐라. 장소는 나갈랜드다. 외국인인 나는 함부로 밖에 나가지도 못하고 거의 집안에서 생활해야 한다. 그런데 집에는 귀여운 여자애 두 명과 나 혼자만 남겨져 있다. 도대체 Chingmok의 아버지께서는 무슨 생각을 하신 것인지 모르겠다.

처음에는 도저히 어떻게 해야 할지 몰랐다. 그래서 나갈랜드 조사에 필요한 책을 읽어야 한다는 핑계로 방 밖으로 나가지 않았다. 그러면 나로와 에니써가 적당한 시기에 적당한 방식으로 내 방에 식사와 짜이를 날라다 주었다.

며칠 후, 에니써와 나로에게 매번 미안해서 조용히 주방으로 가서 직접 설거지를 했다. 물론, 에니써와 나로는 괜찮다고 자기가 하겠다고 한다. 그래도 어떻게 모두 떠넘기겠는가. 나는 적당히 적당히 눈치껏 도와주었고,

어느새 같이 요리도 하고, 설거지도 하고, 청소도 하고, 음···. 그러니까 분명 싫지 않은 느낌이었다.

• • • 장난 1

그렇게 에니써, 나로와 그리 어색하지 않은 사이가 되었을 즈음, 슬슬 내 장난기가 발동하기 시작했다.

"에니써, 너 이렇게 낯선 남자하고 같이 설거지해도 괜찮은 거야?"
"It's ok, because you are my brother."

(음···. 이 정도 쯤이야. ^^)

"너 그거 아냐? 한국에서는 부부끼리만 같이 설거지한다."

에니써 조금 당황한다.
"It's ok, because here is Nagaland."

(ok, 그럼, 이건 어떠냐?)

"아, 그래? 그럼 내가 나중에 네 미래의 남편에게 이야기해도 되겠네?"
"······"

이 상황을 이해하기 위해서는 현재 나갈랜드를 포함한 인도 전역에 한류 열풍이 불고 있다는 것을 알고 있어야 한다.

나로, 집안에 있는 것이 심심했는지 한국어를 알려달라고 한다.

"Brother, how can I say my name is Naro?"

"내 이름은 나로 입니다."
"나 이르느 나로이니다."

"Brother, how can I say you are my brother?"

"당신은 나의 형제 입니다."
"다시나이 형지이니다."

"And, how can I say I love you?"

(OK. 딱 걸렸다.)

"Oh, God! Do you love me? I'm your brother!"
"……."

정말로 아팠던 일

시작은 라시(플레인 요구르트의 일종)였는 듯.[1]

오후 1시 쯤 라시를 마셨는데 얼마 뒤에 두통이 일더니 그대로 뻗어버렸다. 내심 하룻밤 자면 괜찮아지려니 생각했는데, 그날 정말로 죽을 뻔했다. 열이 미친 듯이 오르고, 그 때문에 머리가 터질 듯이 지끈지끈하고, 귓속에서는 굉음이 끊이질 않았다. 나는 밤새 끙끙 앓으며 침대를 시계방향으로 24바퀴 정도 뒹굴었다. 아무 생각도 나지 않았다. 거의 의식을 잃어버렸다.

다음 날 아침, 어젯밤의 여파로 몸은 완전히 탈진한 상태였다. 괜찮아지리라는 예상과 달리 폭풍 설사가 시작되었다. 아마 이날 화장실을 30~50번 사이는 갔으리라.

셋째 날, 다행히 상태가 좀 안정되었다. 그러나 여전히 설사는 멈추지 않는다. 이제 소장/대장의 괴사壞死가 걱정되었다. 이를 친구에게 설명하니 지인이 운영한다는 병원에 데려다 주었다. Chingmok은 내가 걱정되었는지 병원으로 바로 달려왔다. 역시 믿을 수 있는 친구다. 다행히 뎅기열이나 말라리아는 아니었고 심한 식중독에 걸린 것이라고 한다. 그 이후 회복을 위해서 Chingmok 집으로 옮겨갔고, 다시 일주일을 더 요양해야 했다.

---

1 잠시, 뱅갈로르에서 부탁받은 일을 위해서 Chigmok네 집에서 다른 집으로 이동

덥다.

숨이 턱턱 막힌다.

가만히 있어도 땀이 주룩주룩 흐른다.

그런데 이놈의 도시는 어떻게 된 것이 툭하면 전기가 나가버린다. 그러면 나는 꼼짝없이 땡볕이 내리쬐는 여름날에 반 평 남짓한 처마 밑바닥에서 헉헉거리는 똥강아지 신세다.

게다가 안전하게 마실 수 있는 물이 없다. 물은 한 번이라도 잘못 마시면 지난번처럼 초죽음된다. 한국이라면 샤워기로 시원하게 물 한번 뿌리고, 사방이 탁 트인 거실에 앉아서 냉장고에 모셔놓은 수박 화채를 숟가락으로 퍼먹고 있을 텐데. 지금은 어쩔 수 없이 뜨거운 물이나 홀짝홀짝….

죽을 뻔했던 이야기

이제는 이런 것도 별 감흥이 없으니

    지난주에 라시를 한 번 잘못 먹었다 초주검 되었던 이후로, 나는 Ching
mok 집으로 옮겨와서 요양했다. 그런데 Chingmok에게서 여름 감기를 그대
로 옮아서 또다시 일주일간 뻗었다. 그리고 가까스로 몸을 움직일 수 있게
되었을 때, 나갈랜드에서 내 마지막 일을 끝내기 위해 코히마(kohima, 나갈랜
드의 주도)로 이동했다.

    다행히 코히마에서도 마중 나와 준 친구가 있었다. 그리고 그 친구가 코
히마 버스터미널 근처에 방을 잡아 주었다. 나는 몸 상태가 완전히 최악이
었던지라 그대로 곯아떨어졌다.

몇 시인지 모르던 한밤중.
땅땅땅. 따닥. 따닥.

잠에서 확 깼다. 복도가 요란하다. 한두 명이 아니다. 알아들을 수 없는
현지어. 무언가 다급한 상황. 시계를 보니 새벽 3시다. 갑자기 차례차례 방
문을 세게 두드리는 소리가 들린다. 그리고 점차 방문 두드리는 소리가 내
방에 가까워진다.

이제는 내 방 차례다. 낯선 남자들은 마치 문을 부숴버릴 듯 세차게 두드
린다. 나는 완전히 패닉 상태였다. 이 외딴 오지인 나갈랜드에서. 당장 어디
에 전화를 걸어야 하나.

내가 방안에 꼼짝 않고 있자. 이제는 내 방 유리창 쪽으로 다가온다.

"Open the door. Open the door."

그때 나는 어떻게 행동했던가?
본능적으로 내 복대에 차고 있던. 100$ 짜리 지폐와 IIT 학생증을 꺼냈
다. 둘 중 어떤 것을 내밀까 하다. 결국 IIT 학생증을 내밀었다. 이 이후의
일들. 굳이 기록하고 싶지 않다. 어찌 되었든 나는 무사히 다음 날 아침을
맞이했다.

선택의 갈림길에서

아마도 이때가 내 여행 중에 가장 힘든 시기였던 것 같다.

이미 몸은 축나 있었다. 아무리 휴식을 취하고 잠을 푹 자도 체력이 돌아오지 않았다. 마음도 축나 있었다. '내가 무슨 부귀영화를 누리자고 여기까지 왔나.'라는 생각이 끊이질 않았다.

무엇보다도 힘들었던 점은, '이제부터는 어디로 가야 하나.'였다. 나갈랜드에서는 어서 빨리 벗어나고 싶었다. 지금은 완전히 질렸다. 그러나 막상 나갈랜드를 나가려고 하니, 마땅히 갈 데가 없었다.
웃기다. 우기 철이라 네팔로 갈 수는 없다. 이 더위에 방글라데시에 가면 개고생 할 것이 뻔하고. 파트나 Patna 에서는 사정이 여의치 않아 오지 않았으면 좋겠다는 연락이 왔다. 콜카타에서는 아무런 답변이 없었다.

삶이 이런 건가.
나는 어디로 가야 하는지 길을 잃어버렸다.

선택권의 역설

장소 뉴잘파이구리 New Jalpaiguri 역에서 콜카타 Kolkata 로 가는 열차를 기다리는 중.

나는 배가 고파서 근처 노점에서 팔고 있던 계란 후라이 3개를 시켜 먹은 뒤, 후식으로 오이 하나를 깎아 먹었다. 그 때, 쓰레기통 뚜껑을 만지작거리는 5살 정도의 여자아이가 눈에 들어왔다. 평소였으면 그저 무시했을 텐데, 이번에는 마음이 움직였다. 확실하게 굶주린 듯한 모양새다.

나는 그 자리에서 오이를 하나 더 깎아 달라고 했다. 그리고 그 여자아이에게 주었다. 수줍어하는 꼬마 아이. 너무도 행복해하며 감사하다고 인사하고는 뒤돌아서서 게걸스럽게 먹는다.

'역시 오래 굶주렸구나.'
'아, 정말 나란 인간은. 이건 직업병인가.'

당시에 선택할 수 있는 재화는 '오이', '바나나' 두 가지였다. 가격은 둘 다 5루피(약 100원)로 똑같다. 여기서는, 그 아이가 오이를 더 좋아한다는 가정 하에서 시작해보자(물론, 바나나를 더 좋아할 수도 있다.).

case 1 : 단순히 '오이 먹을래?'라고 물었을 경우
– 배고픈 상태에서 오이가 생기니 그저 행복하다.

case 2 : '오이/바나나 중에 어떤 것을 먹고 싶니?'라고 물었을 경우
– (오이를 더 좋아한다는 가정 하에)그 아이는 당연히 오이를 선택할 것이다. 따라서 case 1의 경우와 결과 측면에서 달라진 것은 없다. 한 편, 이 경우 바나나라는 선택권이 추가적으로 주어진 만큼, (일반적으로) 아이가 누릴 수 있는 만족의 크기가 더 커져야 한다.

　　그러나 추가로 바나나라는 선택권이 주어지면, 그 아이는 '오이/바나나' 중에 어떤 것이 더 좋은지를 판단해야만 한다. 이것은 그 자체로 하나의 비용이다. 더 큰 문제는, '오이/바나나'를 비교하는 순간, 포기하게 된 바나나에 대해서 미련이 남게 된다는 것이다. 마치, 못 먹게 된 아이스크림이 더 맛있어 보이는 것처럼 말이다.

무엇이 정답일까?
특히 삶에서….

사람을 건지는 것 · 1

콜카타의 찜통 같은 무더위 속.

나는 한 선교사님과 자동차 뒷좌석에 타고 있었다. 교통체증으로 악명이 높은 콜카타인지라 차들은 가다 서다를 반복하고 있었다. 자동차에서는 에어컨이 나오지 않아서 창문을 모두 열어 재꼈다.

이때, 갓난아기를 안고 있던 한 여자가 다가오더니, 열려 있는 자동차 창문으로 손을 집어넣었다. '아이가 아프다고. 도와달라고….'

속셈이야 뻔해 보였지만, 아이 상태가 워낙 좋지 않아 보였다. 그래서 그 여자 손에 내가 비상식량으로 가지고 다니던 5루피짜리 과자를 쥐어 주었다. 그런데 그 여자는 고맙다는 인사는커녕 과자를 받지도 않는다.

이를 보다 못했던지, 내 옆자리에 계시던 선교사님이 10루피짜리 지폐를 건네주었다. 그제야 그 여자는 다른 곳으로 갔다.

이때, 앞에 있던 운전기사 아저씨가 막 화를 내셨다.

"왜 돈으로 주셨어요? 저 여자, 분명 저 아이를 돈 주고 빌려왔을 거라고요."

사람을 건지는 것 · 2

콜카타의 마더하우스Mother Teresa House에서

오후 내내 마더하우스에 있었다. 그저 마더하우스에 가만히 앉아 있으면 그것만으로도 마음이 무척 편안해졌다. 그렇게 충만해진 마음을 안고 밖으로 나왔다. 그리고 기념으로 마더하우스의 사진이나 한 장 찍으려던 찰나,

"이쪽에서 찍어, 그러면 더 잘 나올 거야."

갑자기 어디선가 인도 아저씨가 튀어나왔다. 그리고 이번에도 여지없이 돈을 요구한다. '안내비'라나 뭐라나. 받는 것에 너무도 익숙해진 눈빛. 말로는 불쌍하고 가난한 사람이니 도와달라고는 하나, 그 마음속에는 일체의 감사함이나 부끄러움은 찾아볼 수 없는 상태다.

평소라면 가볍게 씹어주었을 것이다. 지금까지 지긋지긋할 정도로 돈을 요구하는 언클uncle 들과 조우했던 터라, 씹는 것뿐만 아니라 짜증까지도 낼 수 있었다. 그런데 지금은 마더하우스 앞이다. 무언가 마음이 조금 동했다. 나는 어떻게 해야 하나 싶어서, 그저 그 아저씨의 눈을 바라보았다. 그렇게 길 한복판 위에서 그 아저씨를 10분을 넘게 바라보기만 했다.

그런데 그 아저씨도 역시 당당하다. 그 아저씨 역시 아무런 거리낌 없이 내 눈을 10분 넘게 바라보았다. 그리고,

"내 나이 50인데 일하다 다쳐서 일도 제대로 못 하고, 여기 수술했고, 지금 너무 배가 고파서, 저기서 파는 빵하고 음료수 좀….”

솔직히 나는 그 아저씨의 썩어버린 근성에 화가 났다. 왜 화가 났는지는 모르겠다. 그저 무척 화가 났다.

테레사 수녀님은 어떠했을까?
그만한 자선 사업을 하셨다면 이렇게 딱 달라붙는 사람들이 많았을 텐데. 그 사람들까지도 품에 끌어안고 보듬으셨다니….

(돌이켜 보면 이 순간 나는 오만했다. 나는 가진 자의 눈으로 그 아저씨를 바라보았다. 만약, 내가 지구 반대편에서 태어났다면, 그 썩어빠진 눈을 갖고 있던 것은 그 아저씨가 아니라 나였을 것이다.)

세상에서 가장 먼 거리는 사람의 머리와 가슴까지의 30cm밖에 안 되는 거리입니다. 머리에서 가슴으로 이동하는 데 평생이 걸리는 사람도 있습니다.

- 하늘 호수로 떠난 여행 中에서….

사람을 건지는 것 · 3

닳아버림

밤 9시, 지친 하루를 보내고 피곤한 몸을 뉘이러 숙소로 돌아왔다. 그저 시원하게 물 한번 끼얹고 자려고 하는데, 갑자기 같은 숙소에서 지내던 아수라는 친구가 자기 집에서 저녁을 먹자고 한다. 사실 무척 피곤해서 그 친구 집에 가기는 싫었다. 그러나 거절하는 것은 더더욱 미안했다.

결국 그 친구를 따라가게 되었는데, 무슨 뒷골목 이곳저곳을 헤집고 들어간다. 길거리에는 각종 오물과 쓰레기가 널려 있고, 구불구불하게 이어진 좁다란 골목길은 전기나 제대로 들어올까 걱정되었다. 전형적인 델리의 슬럼지역이다. 이 열악한 곳에는 사람만 넘쳐난다. 그 친구 집도 조그만 단칸방과 '화장실과 부엌이 짬뽕 되어있는 주방?/욕실?' 하나가 전부였다. 혼자 앉아 있기에도 비좁은 이곳에서 어른 5명이 생활한다고 한다. 더군다나 그 중에 한 명은 이미 혼기가 꽉 찬 여동생이었다.

예상했던 대로 몹시 피곤했다. 방안에 사람은 많지, 공기는 빠져나갈 구멍이 없어서 퀴퀴하지, 열기는 후끈후끈하지…. 그리고 으레 그러하듯이 외국에서 온 손님을 한시도 가만히 두지 않는다. '어디서 왔느냐? 나이는 몇이냐? 부모님은 어디 계시느냐? 음식은 입맛에 맞느냐? 요새 한국 날씨는 어떠냐…?' 나는 수도 없이 반복해왔던 레퍼토리를 앵무새처럼 무미건조하게 늘어놓았다. 이제는 질렸다.

그렇게 어찌어찌 시간이 흘러 내가 머물던 숙소로 돌아가는 길에, 그 친구가 말했다.

"종, 여기가 내가 전에 일하던 차 tea 공장이다. 일이 너무 힘들어서 그만두었고 지금은 하는 일이 없다. 돈 문제를 어떻게 해결해야 할지 모르겠다."

나는 속으로 무척 긴장했다. 그 친구가 그저 푸념을 늘어놓는 것인지 아니면 다른 의도를 가졌는지 판단해야 했기 때문이다.

무엇이 이 친구와 내 삶을 다르게 만들었는가?
한국에서 태어나, 서울대라는 곳을 다니면서, 인도 최고 대학인 IIT로 교환학생을 왔고, 그 후 인도 이곳저곳을 자유롭게 여행하고 있다. 나름 무척 궁하게 무전여행 비슷한 여행을 하고 있지만, 델리-뱅갈로르 기찻삯 10,000원도 비싸다고 부담스러워 하는 이 친구들에게 나는 어떤 존재로 비칠 것인가.

이날 내가 선택했던 방법은, 마치 그 친구의 말(영어)을 알아듣지 못한 것처럼 연기하는 것이었다. 그것도 무척 태연하게….

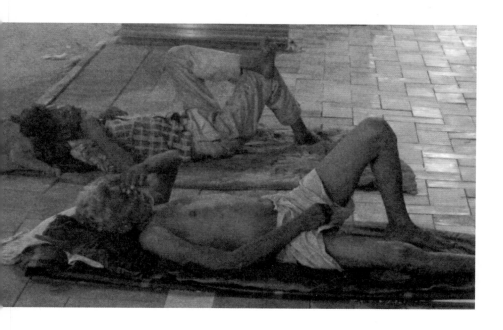

뱅갈로르로 돌아가는
기차 안에서

델리에서 뱅갈로르까지 장장 40시간 동안 데칸 고원을 종단했다.

• • • 기차 안에서 – 5시간 경과

정말 할 게 없다. 책을 보자니 너무 어둡고 흔들림이 심하다. 밑에 앉아 있는 인도 녀석들과 이야기나 할까 하다가 그것도 귀찮게 느껴졌다. 그렇게 멍하니 누워있기를 1시간째. 더럽게 시간이 안 간다. 이제 35시간 남았구나.

심심해서 서울대에 입학한 이후부터 지금까지 내가 기억할 수 있는 모든 일들을 하나하나 떠 올려 보았다.

'그래, 내 입학식 때 어머니와 누나가 왔었지. 우리 집에 경사가 났다고 정말 좋아하셨고. 1학년 때는 그래도 잘나갔던 것 같은데. 어쩌자고 군대를 1학년만 마치고 간 건지. 아, 그때 한 학기만 더 다녔다면 새로 들어온 예쁜 후배와….'

'군대에서는 여기서 나가기만 하면 다시는 이렇게 안 살 거라고 이를 바득바득 갈았었지. 국방부 시계는 거꾸로 매달아도 간다더니만. 꼭 시간과 공간의 방에 갇혀 있는 것 같아서 토나오는 줄 알았다. 제대한 후에는 정말로 열심히 살려고 했는데….'

앗. 순간 식은땀이 확 흐른다.
'언제 한 번 프로젝트 돌릴 때 여자 후배에게 왕창 화풀이했었구나. 뱅갈로르에 도착하면 미안하다고 메일 보내야겠다….'

• • • 기차 안에서 – 20시간 경과

할 게 없다. 그저 사이드어퍼 Side Upper 에 누워 눈만 말똥말똥 뜨고 있다. 생각하는 것도 이제는 질렸다. 그러다 깜빡 잠들었다. 다시 일어나니 2시간밖에 안 지났다. 제길. 아직도 18시간이나 가야 한다. 너무 오래 누워있어서 등이 배겼다. 화장실도 다녀올 겸 잠시 내려왔다.

그런데 이럴 수가! 세상이 달라져 있다.

울창한 수풀은 어디가고 지금은 온통 황량한 바위산이다. 마치 화성에라도 도착한 양 신세계가 펼쳐져 있다.

그 후, 자다 깨다를 반복할 때마다, 세상은 황량한 모래벌판이 되기도, 새파랗고 드넓은 초원이 되기도 했다.

• • • 기차 안에서 – 30시간 경과 (10시간 남음)

덥다, 그저 덥다. 무지하게 덥다. 가만히 있어도 땀이 주륵주륵 흐른다. 그렇게 흐르다 굳어버린 땀 때문에 온몸이 끈적끈적하다. 목 뒤를 손으로 훔치니 시커먼 먼지가 묻어나온다. 이제 30시간 째다. 시종일관 돌아가는 팬 fan 때문에 머리가 지끈지끈 아프다. 오줌이 마려운지도 4시간이나 지났지만, 이제는 화장실 가기도 귀찮다.

아, 정말 나는 무슨 부귀영화를 누리겠다고….

조건 없는 호의

• • • 도착 첫날

7시 pm. 예정보다 하루 늦게 마스터 Lee 태권도장에 도착했다.

마스터 Lee는 내가 제때 도착하지 않아서 무척 걱정하셨다고 한다. 오늘에도 도착하지 않으면 델리까지 비행기 타고 갔을 거라고 하신다. 다른 사람이 말씀하신 거라면 그저 걱정하는 마음에 한 말씀이라고 생각했겠지만, 마스터 Lee의 말씀은 빈말로 느껴지지 않았다.

저녁 9시가 되어서야 마스터 Lee 댁에 들어갔는데, 모두 저녁도 먹지 않고 나를 기다리고 있었다. 특히 대호, 명호가 오랜만에 삼촌이 왔다고 끌어안아 주어서 정말 기뻤다. 머리털은 털북숭이, 수염도 무슨 범죄자처럼 덥수룩하고, 씻지 않은 몸에서는 지린내가 심했을 텐데. 짜식들.

내가 온다고 마스터 Lee 사모님께서 한국 햄과 라면이 들어간 특제 부대찌개를 끓여 주셨다. 정말 맛있다. 무엇보다 이런 화목한 가정에서 모두 함께 그리고 마음 편히 저녁을 먹을 수 있다는 점이 감사했다.

'세상에 이런 사람들도 있구나'하고 알게 해준 사람은 아마도 마스터 Lee가 처음이리라. 그전까지 나는 인간관계는 염치, 예절 그리고 Give & Take라고 교육받았다. 필요하거나 불편한 것이 있어도 참고 내색하지 않아야 한다고 배웠다.

돌이켜 보면 마스터 Lee 댁을 처음 방문했을 때, 심하게 눈치를 봤었다. 낯선 이방인인 내가 어떻게 비쳐질지 걱정되어 초조하고 비굴하게 행동했다. 어떻게든 폐를 덜 끼치기 위해서 안절부절못했다. 그러나 마스터 Lee 부부는 나를 바꿔놓았다. 세상에는 손익계산서로 설명할 수 없는 사람들이 있다. 도움을 주거나, 혹은 도움을 받으면 인연이 생긴다.

새벽 1시까지 마스터 Lee와 여러 이야기를 나누다가, 곧 공항에 도착한다는 친구(우진이)를 픽업하러 갔다. 무척 피곤하기는 했지만 이 늦은 시간에 마스터 Lee 혼자서 운전하게 해서는 안 된다는 생각이 들었다. 새로 온다는 친구 역시 무척 궁금했다.

• • • 둘째 날

아침 8시가 되어서야 일어났다. 공항에서 새로 도착한 친구를 픽업하고 새벽 3시가 되어서야 집에 돌아온 마스터 Lee는, 다시 새벽 5시에 일어나 가족예배를 드리고, 6시에는 태권도 도장에 나가셨다.

어제 온 친구와 아침을 먹다가 오늘이 명호(마스터 Lee의 아들)의 생일이라는 것을 알게 되었다. 마음속에 명호의 생일 선물을 꼭 준비해야겠다고 생각했다.
'무엇을? 나는 명호 나이 때 무엇을 갖고 싶어했더라?'
……
……
과학상자….

어렸을 때 과학 상자가 너무도 갖고 싶었다. 이것만 있으면 학교에서 하는 대회 몇 개 정도는 휩쓸 자신도 있었다. 우리 어머니야 내가 졸라대면 사

주셨을 것이다. 그러나 단돈 500원도 아끼시는 것을 뻔히 아는 처지에 그럴 수는 없었다. 그런데 이제 나는 한 아이를 위해서 과학박스를 사줄 수 있게 되었구나….

예상했던 대로, 명호 정말 좋아한다. 명호는 졸린 것도 가까스로 참아내며 12시까지 과학박스를 조립했다. 나도 조용히 옆에서 거들어 주었다.

••• 셋째 날

나갈랜드 일로 찾아 뵈야 할 분들을 만나 뵈었다. 그리고 내 친구 다이애나를 만났고, 우연한 소개로 의대 입시를 준비한다는 예진이(고등학생)를 만났다. 예진이는 무척 매력적인 친구였는데, 나이에 비해 필요 이상으로 조숙한 것이 마음에 걸렸다. 나는 그 친구에게 한국의 고등학생들은 대학에 대해서 너무도 모르는 상태에서 학과를 선택하고 있다고 말했다. 그리고 의사라는 직업이 네가 원하는 직업인지, 아니면 네 주변 사람들에 의해 네가 원하고 있다고 착각하고 있는지 확인해 보라고 조언해 주었다. 오랜만에 한 노친네 짓이었다.

••• 넷째 날

딱히 계획이 없어서 그저 편히 쉬려고 했는데, 내 친구이자 태권도 마스터인 가르틱과 프라샷에게 호출되었다. 그리고 제대로 태권도를 배웠다. 늙었나 보다. 몸에 힘이 없고, 온몸이 쑤시다. 그래도 오랜만에 땀을 쭉 빼니 무척 상쾌했다. 그리고 이제는 인도 시골 아이들에게 제대로 된 태권도를 가르칠 수 있게 되었다고 생각했다.

그리고 그날 밤.

다시 예진이에게 노친네 짓을 했다.

"음, 아무리 봐도 너는 너무 조숙하단 말이야. 너 나이 때에는 다른 여자 애들처럼 멋 좀 부리고, 음…. 오늘은 조금 신경 쓴 것 같지만. 하여튼, 남자 친구도 좀 사귀고, 특히 부모님께 떼도 쓰고 어리광도 좀 피우라고." (부디 그럴 수 있는 시간이 지나가기 전에….)

••• 다섯째 날

오전 8시까지 푹 잤다.

혼자 침대에서 일어나 라다 크리슈난 Radhakrishnan 책을 읽었다.

브라흐만 Brahman, 카르마 Karma, 카마 Kama, 다르마 Dharma….

정말 이 친구들의 철학 세계는 종잡을 수가 없다.

••• 마지막 날 (조건 없는 호의)

뱅갈로르에서 딱 일주일을 지냈다. 너무도 감사했던 시간. 우진이를 만난 것이 기쁘고, 태권도 집중 트레이닝을 받은 것이 기쁘고, 무엇보다도 마스터 Lee 댁에서 받았던 사랑이 감사했다.

저녁에, 내가 떠나는 날이라고 사모님께서 귀한 라면을 아낌없이 끓여 주셨다. 그리고 마지막에 마스터에게 한 방 먹었다.

방에서 짐을 정리하던 중이었는데, 갑자기 마스터 Lee에게 헤드락을 걸려서 마스터 Lee방으로 끌려갔다. 그러더니 내 손에 하얀 봉투가 쥐여진다.

나는 필사적으로 저항했다. 나는 지금까지 여행하면서 돈을 받는 것은 극구 거부해왔었다. 돈에 관한 일말의 자존심이었던가? 아니다. 그것보다는 '돈' 그 자체가 가지고 있는 관계의 민감성 때문이다. 그리고 여행 중에 돈을 받게 되면, 지금까지 내 힘으로 한국까지 가겠다며 이 악물고 발버둥 쳐왔던 일들이 무너질 것만 같았다.

그런데 마스터 Lee께서 젊은 시절에 굶고 헐벗은 체 인도를 방랑했다는 이야기가 떠올랐다. 마스터를 끌어안고 서로 펑펑 울었다. 사랑받아본 사람만이 사랑할 수 있다.

슬픈 말이다.

너무 어렵게 이야기하며 살지 말자
사랑하면 사랑한다고
보고 싶으면 보고 싶다고
있는 그대로만 이야기하고 살자
너무 어렵게 셈하며 살지 말자
하나를 주었을 때 몇 개가 돌아올까
두 개를 주었을 때 몇 개를 손해 볼까
계산 없이 주고 싶은 만큼 주고 살자
너무 어렵게 등 돌리며 살지 말자
등 돌린 만큼 외로운 게 사람이니
등 돌릴 힘까지 내어 사람에게 걸어가자

- 출처 불명

J 교수님과 묻고 답하다
인도의 카스트(caste)제도

Q 교수님, 카스트(caste)라는 것이 뭔가요?

A 카스트를 이해하기 위해서는 정(淨)과 오염(汚染) 개념을 이해해야 해요. 음…. 그러니까 종석군 생각으로 소똥은 깨끗한가요? 더러운가요?

Q 당연히 더럽죠.

A 위생적으로는 그럴 거예요. 그러나 소똥은 힌두들이 신성하게 숭배하는 암소에서 나온 것이기 때문에 종교적, 의례적 의미에서 정결(淨潔)한 것이라고 간주합니다.

Q 그러면 오염되었다는 것은 뭔가요?

A 소위, 힌두들이 종교적, 의례적으로 불결하고 부정하다고 간주하는 것들이죠. 예컨대, 피, 침, 때나 비듬, 잘라낸 머리털과 손발톱, 정액이나 생리혈, 동물의 사체, 사체에서 벗겨낸 가죽 등등이지요.

Q 그러면, 정결하다는 것과 오염되었다는 것이 카스트와 무슨 상관이 있나요?

A 쉽게 생각해서 정결할수록 높은 카스트이고 오염되었을수록 낮은 카스트랍니다. 예컨대, 우리가 흔히 가장 높은 카스트라고 알고 있는 브라만(brahman)은 종교적, 의례적인 의미에서 가장 정결한 카스트예요. 힌두이즘의 각종 의식(ritual)들을 주관하는 사제의 역할을 맡은 카스트인 브라만은, 자신들의 정결함을 유지하기 위해서 채식주의를 지켜 음식도 가려먹고 살생과 관련된 직업을 피하는 등 여러 금기를 지킵니다.

마찬가지 논리로, 접촉하는 것 자체가 터부시 되는 불가촉천민(untouchable)은 종교적, 의례적으로 가장 오염된 존재이기 때문에 최하층 카스트가 된 겁니다. 이들은 일상생활에서 생겨나는 온갖 오염되고 부정한 것을 도맡아 처리하는 직업을 갖고 있습니다. 가령, 세탁부 카스트인 도비(Dhobi)는 다른 사람들의 빨랫감에 묻은 때, 비듬, 정액, 피, 대소변 찌꺼기 따위를 씻어내는 등 항상 오염을 대하고 처리하는 직업을 가졌기 때문에 최하층으로 간주 되는 거지요.

Q 교수님, 브라만은 알겠는데 '불가촉천민'은 뭐고 또 '도비'는 무엇인가요?

A 보통 인도의 카스트 제도에는 네 카스트, 즉 브라만, 크샤트리야[끄샤뜨리야](kshatriya), 바이샤(vaishya), 슈드라(shudra)가 있다고 알고 있지요? 이걸 바르나 체계(varna system)라고 하며, 각 카스트의 정식 명칭은 브라만 바르나, 크샤트리야[끄샤뜨리야] 바르나, 바이샤 바르나, 슈드라 바르나입니다. 한편 바르나 체계에 속하지 않는, 즉 바르나가 아니면서도 카스트 제도를 말할 때 빼

놓을 수 없는 범주가 하나 있습니다. 바르나 체계에 속할 자격이 없다는 의미에서 Out-Caste라고 부르기도 하는데, 더 일반적인 이름은 불가촉천민이지요. 이론적으로만 따진다면 힌두이즘의 의례를 지내지 않는 한국인도 일종의 Out-Caste, 즉 불가촉천민이라고 볼 수도 있습니다. ^^*

Q 교수님, '도비'는 무엇인지 아직 설명 안 해주셨어요.

A 아, 도비. 그러니까 도비는 불가촉천민 중에서 빨래 빠는 것을 전담하는 자띠(jāti)의 이름입니다.

Q 예? 자띠라니요?

A 이것을 이해하려면, 먼저, 앞서 이야기한 네 개의 바르나(브라만, 크샤트리야[끄샤뜨리야], 바이샤, 슈드라)와 불가촉천민 등의 범주들 안에 각각 수많은 자띠 집단들이 존재한다는 사실을 이해해야 해요. 즉, 바르나가 대분류라면 자띠는 소분류라고 할 수 있겠는데, 인도 사람들이 카스트를 말할 때는 자띠를 가리키는 경우가 많습니다. 브라만, 크샤트리야[끄샤뜨리야], 바이샤 바르나들 각각에 약 500-1,000개, 슈드라 바르나에 3,500개 정도, 불가촉천민에는 약 900개 정도의 자띠들이 있다고 추산하는데, 계산하는 방식에 따라 숫자가 더 늘어날 수도 있습니다. 그러니까 인도 전역에 최소한 5,000개 이상의 자띠 집단들이 있는 셈이지요. 예를 들어, 불가촉천민이라는 커다란 범주 안에는 세탁부인 도비, 가축의 시체를 처리하고 가죽을 다루는 차마르(Chamar)나 마하르(Mahar), 마디가(Madiga), 청소부인 방기(Bhangi)나 메타르[메따르](Mehtar), 이발사인 나이(Nai) 등 여러 자띠 집단들이 있습니다. 차마르, 마하르, 마디가처럼 비슷한 일을 하더라도 지역에 따라 자띠 이름이 전혀 다르기도 하고, 또 어떤 지역에서는 이발사인 나이가 불가촉천민으로 취급되지만 다른 지역에서는 슈드라로 분류되는 등 지역에 따라 서열을 따지는 방식에도 상당한 차이가 있습니다. 그러니까 정리하자면, 도비는 주로 중북부 인도에서 널리 사용하는

세탁부 자띠의 이름이에요. 다른 지역에서는 도비 말고 다른 이름으로 불리기도 하는데, 빨래야 어디에 살건 해야 하는 일이면서 동시에 오염된 일로 간주되니까 어느 지역에나 도비에 해당하는 자띠가 있다고 할 수 있지요.

Q 갑자기 우리가 알고 있는 카스트가 사실은 자띠이고, 그게 4가지만 있는 게 아니라 수천 가지나 있다고 하니까 무척 혼란스러워요. 혹시 인도 친구들은 서로의 카스트를 어떻게 구분하는지 아시나요?

A 카스트 제도의 본질은 '구별 + 위계서열'에 있다고 할 수 있어요. 높낮이를 따지는 것이야말로 카스트의 가장 중요한 두 속성 중 하나라는 이야기지요. 두 사람이 같은 카스트(자띠)인지 아닌지를 확인하기 위해 가장 손쉬운 방법은 다음과 같은 질문들을 던져보는 겁니다.

첫째, 서로 밥을 같이 먹을 수 있는가?
둘째, 서로의 자띠 사람들이 상대방 자띠 사람들과 결혼할 수 있는가?

먼저, 밥 먹는 문제부터 이야기해볼까요. 인도에서는 자기보다 높은(정결한) 자띠 사람이 주는 음식은 받아먹어도 괜찮지만(오염될 염려가 없지만), 자기보다 낮은(오염된) 자띠 사람이 주는 음식을 받아먹으면 오염된다고 생각합니다. 그렇다고 자기보다 높은 자띠 사람이 주는 것은 넙죽넙죽 받아먹느냐 하면 그런 것은 또 아닙니다.

일단 자띠가 서로 다르면 가능한 한 음식을 함께 먹는 일을 피합니다. 물론 잔치나 결혼식처럼 여러 자띠 사람들이 어울려서 함께 먹는 자리들이 있는데, 그럴 때는 자띠별로 식탁을 따로 배치한다든지, 같은 식탁에 앉더라도 20~30cm 이상 떨어져 앉는다든지, 불가촉천민들은 다른 사람들 눈에 띄지 않는 곳에서 따로 먹게 한다든지, 브라만들은 잔치에서 음식을 먹지 않는 대신 주인이 따로 준비한 음식재료들을 받아 자기 집에 가서 해먹는다든지 등의 다양한 방식으로 오염되는 위험을 피합니다. 그러므로 일단 상대의 자띠가 자기보다 확실하게 높다는 사실을 확인 또는 인정할 수 없으면 받아먹지 않는 것이 제일 속편 한 방법입니다.

가령 비하르주(Bihar)의 야다브(Yadav)가 마하라슈트라주[마하라슈뜨라주](Maharashtra)의 마라타(Maratha)를 만났을 때, 둘 다 슈드라에 속하지만 원래 비하르주에는 마라타라는 자띠가 없고 마하라슈트라주[마하라슈뜨라주]에는 야다브라는 자띠가 없기때문에 둘 간의 위계서열을 확실하게 따질 수가 없고, 따라서 함께 먹지 않는 것이 안전하다고 생각합니다.

한편, 비하르주에서 같은 마을에 사는 야다브와 꾸르미(Kurmi)는 같은 슈드라이고 서열도 비슷하다고 간주하지만, 서로 경쟁 관계이기 때문에 상대방이 주는 음식을 의도적으로 거절함으로써 자신이 상대방보다 높은 자띠라고 생각한다는 점을 남들에게 보이려 하는 경우도 있습니다.

크샤트리야[끄샤뜨리야]인 라즈푸트[라즈뿌뜨](Rajput)가 슈드라인 야다브에게 음식을 줄 때도 야다브가 거절하는 경우가 있는데, 이것도 내가 너보다 낮은 자띠라는 사실을 인정할 수 없다는 점을 남들에게 보이고 주장하려는 의도로 받아들여질 수 있지요.

Q 교수님, 그러면 다른 자띠끼리 같이 식사하지 않는 것을, 조선 시대에 양반과 상민이 함께 겸상하지 않았던 것과 비슷하다고 생각해도 될까요?

A 신분이 다른 사람들끼리는 함께 먹지 않는다는 점을 보면 겉으로는 비슷한 점도 있지요. 그런데 자띠의 경우에는 오염과 전염이라는 인식이 들어가기 때문에 양반 상민의 신분 차별보다 훨씬 복잡해집니다. 가령 결혼식이나 잔치 때 다른 자띠 사람들과 함께 먹어도 되는 음식과 매일매일 식구들끼리 함께 먹는 음식을 각각 빠까(pakka)와 까차(kachcha) 음식이라는 서로 다른 범주로 구분하는데, 까차 음식은 비슷한 서열이라도(즉 신분이 같아도) 자띠가 다르면 웬만하면 같이 먹는 일이 드물지요.

앞에서 얘기했던 여러 고려 사항들 외에도, 음식의 재료(육식, 채식 등), 음식을 누가 만들고 누가 나눠주는지, 음식을 담는 그릇은 어떤 건지(은, 놋쇠, 흙, 나뭇잎 등), 어떤 자리에서 누구와 같이 먹는 건지 등등 세밀히 따지자면 상당히 복잡합니다. 힌두들이 끼니마다 이런 것들을 일일이 계산하고 따져가면서 먹는 건 아니지만, 아무렇게나 생각 없이 하는 것 같이 보여도 중요한 원칙들은 대개 지키는 편입니다.

　도시보다는 농촌에서, 그리고 도시에서도 직장이나 바깥에서보다는 집에서 더 확실하게 나타나는데, 아는 사람들이 보고 있을 때와 그렇지 않을 때라는 차이도 크겠지요. 아는 사람들이 안 볼 때 안 들키고 한다면 그런 거야 자기가 떠벌리지만 않으면 대충 넘어갈 수 있으니까….

　어쨌든 이렇게 서로 다른 자띠 사람들끼리 함께 먹는 것에 대해 상당히 정교한 규칙들이 있고 그런 게 자띠의 위계서열과 중요하게 관련되니까, 양반과 상민이 겸상하지 않는 것에 비한다면 문화적으로 훨씬 더 복합적인 의미가 담겨 있다고 할 수 있겠지요. 무슨 말인가 하면, 양반 상민은 이미 정해진 신분의 차이가 있기 때문에 겸상하지 않는, 즉 겸상이라는 행위가 기존의 신분 차이를 보여주는 한 표지인 거죠. 사실 어쩌다 겸상을 한다고 해도 그게 그리 심각한 일은 아니어서, 마님이 기특한 아랫것에게 일종의 특전을 베푸는 정도로 이해될 수도 있겠고…. 어쨌든 겸상을 해도 그게 둘 간의 신분 차이를 변화시키거나 큰 영향을 미칠 수는 없다는 겁니다.

　그런데 앞에서 얘기한 야다브와 꾸르미처럼 서로 서열이 비슷한 자띠들끼리, 혹은 라즈푸트[라즈뿌뜨]와 야다브처럼 남들이 볼 때는 확실히 서열이 다른 자띠들끼리, 서로 음식을 주고받는 또는 한 쪽이 주지만 다른 쪽이 받지 않는 행위들을 통해서, 내가 너보다 높으니까 이걸 받아먹어라, 당신이 높다는 걸 인정하니까 받아먹는다, 네가 나보다 높다는 걸 인정하지 못하니까 안 받겠다거나 등등의 다양한 의미들을 표현할 수 있는 겁니다. 라즈푸트[라즈뿌뜨]가 권하는 음식을 거절하는 야다브를 본 주변 사람들은 이 두 사람이 개인적으로 사이가 나쁘구나 생각하는 게 아니라, 어? 야다브 자띠들이 라즈푸트[라즈뿌뜨]랑 맞먹으려고 하는구나! 식으로 해석할 수도 있다는 말이지요.

　다른 예를 들어보자면, 학교에서 처음 만나 인사를 트는데 뜬금없이 '나 베지테리안이야!' 말하는 친구들이 간혹 있었습니다. 처음에는 이게 뭔 의민지 몰라서 '그래? 나는 논—베지야!' 대답하곤 했었는데, 어느 정도 지나서 보니 제가 참 무식한 짓을 했던 겁니다. 한국에서 채식주의자라고 하면 그냥 개인의 음식 취향을 나타내는 말이지만, 힌두들이 베지테리안이나 빠까 베지테리안이라고 말할 때는 '나는 채식을 하는, 즉 높은 자띠 사람이야'라는 숨은 의미가 있는 겁니다. 보통 브라만과 바이샤 바르나에 속하는 자띠들이 채식을 하는 경우가 많은데, 그러니까 '나 베지테리안이야!'는 바로 자신의 자띠를 알려주는 신호인 셈이지요. 그러니까 제가 '나는 빠까 논—베지야!'라고 말했을 때 속으로 어떤 생각을 했겠습니까!

이렇게 육식과 채식에 서열이 있고(채식에도 우유조차 안 먹는 채식이 있는가 하면 우유나 계란은 먹는 채식, 혹은 생선이나 닭고기는 먹는 채식 등이 있고 그에 따라 서열이 매겨짐), 그런 식습관이 개인의 취향이 아니라 자기 자띠의 집단적인 음식문화라는 점이 중요하지요. 그래서 19세기 말, 20세기 초 무렵에 하층 카스트들이 신분상승운동을 벌일 때 빠짐없이 등장했던 레파토리 중 하나가 바로 육식에서 채식으로 자띠 집단의 식습관을 바꾼다는 걸 공개적으로 천명하는 겁니다. 즉 우리도 이제 채식을 하니까 상층 카스트로 대접받을 자격이 있는 거라 주장이지요. 채식과 더불어 술, 담배 금지, 과부 재혼 금지, 성인식 치르기 등등도 자주 등장했던 항목이었고….

이처럼 음식에 관련된 다양한 관습들을 통해서 기존의 서열을 받아들이거나 거부하거나 변화시키려는 등등의 다양한 의도를 손쉽고 분명하게 주변 사람들에게 전달할 수 있다는 겁니다. 문화적으로 아주 복합적이고 효과적인 기제인 셈이지요.

Q 으……. 정말 머리가 지끈지끈 아픈데요. 그럼 밥 먹는 문제는 그렇다고 치고 결혼은 어떻게 되는 건가요?

A 이제 결혼 문제가 남았나요? 같은 자띠 사람과 결혼하는 가장 중요한 이유 중 하나는, 바로 이렇게 매일 함께 먹는 음식을 통해 오염되는 사태를 피하기 위해서입니다. 가령 브라만 남편과 야다브 아내가 결혼생활을 할 때, 성관계(신체 접촉)에서 생기는 오염 문제는 피부 겉에서 일어난 일이기 때문에 씻어내고 거기에 맞는 정화의례를 하면 해결할 수도 있습니다. 물론 부부관계를 할 때마다 그래야 한다면 상당히 불편하겠지만….

하지만 야다브 아내가 해준 음식을 먹으면 그게 내 피가 되고 살이 되므로, 즉 나라는 존재에서 떼어낼 수 없는 일부가 되어버리므로, 그건 매우 심각한 오염이 되는 거지요. 성관계나 음식 등으로 매일 오염될 수 있는 불편한 사태를 피하는 가장 손쉬운 해결책이 바로 같은 자띠 사람과 결혼하는 것입니다.

제가 인도 생활 초기에 직접 경험한 사례로, 델리대학교 교수 중에 브라만 남편과 라즈푸트[라즈뿌뜨] 아내의 경우가 있었어요. 부부관계는 정상적으로 하지만, 남편은 다른 식구들(아내와 자식들)과 함께 식사하지 않고 자기 음식은 자기 조리기구로 직접 요리해서 혼자 먹는답니다. 이 분은 학생들 사이에서도 좀 별난 사례로 가십거리가 되긴 했지만…. 제가 '아니 그거, 밥 먹는 거보다 성관계를 하는 게 훨씬 더 심각한 문제 아닌가?' 물었더니, 함께 있던 인도 친구들이 약간 난감한 표정으로 위와 같이 설명해주더군요. 한마디로 하자면 네가 먹는 것이 너를 만든다는 정도? 그 후 음식과 결혼에 관한 여러 사례조사를 보고 '오염'이라는 코드를 배우다 보니, 설명하는 방식이나 개념은 약간씩 다르지만, 음식이 성관계보다 훨씬 중요하다는 논리는 틀림이 없더군요.

3장

인도에서의
여행 2

사회과학도에서 여행자로

이제는 과거의 기억을 애써 떠올리려고 하지 말자.
평가하고 분석하지도 말자.

뭔가에 집착할 필요도 없고, 애써 노력할 필요도 없다
일기를 쓰지 않아도, 새로운 것을 배우지 못해도, 더 멋진 사람이 되지 못해도 좋다.
그저 즐겁게 지내자.

이 지구 상에 어떤 나라도 영유권을 주장하지 못하는 곳이 어딘가에 있어야만 합니다. 인종과 국적과 종교와 관계없이 선한 의지와 진지한 열망을 지닌 모든 인간이 세계의 시민으로서 자유롭게 살 수 있는 곳이 있어야만 합니다. – 후략 –

– 1954년 8월, 마더 (Mirra Alfassa, Sri Aurobindo의 동반자)

인도
INDIA

📍오로빌

인류 공동체의 실험장

오로빌 Auro-vill

첸나이에서 남쪽으로 3시간 정도 이동하면, '진짜 여기가 인도 맞아?'라고
자기 눈을 의심하게 되는 장소가 존재한다. 바로, UN이 인정한(지금까지는)
세계 유일의 인류 공동체 '오로빌'이다.

없다. 길가에 널브러진 쓰레기가
없다. 숨조차 제대로 쉴 수 없게 만드는 자동차 소음과 매연이
없다. 외국인만 바라보면 시도 때도 없이 달려드는 거지들이

있다. 울창한 숲 속에 아기자기하게 자리 잡고 있는 유럽풍의 집들이
있다. 파란 눈에 금발을 휘날리는 다른 세계의 사람들이
있다. 무엇보다도 강렬했던, 비키니 수영복 걸치고, 선글라스 쫙 끼고서,
오토바이 간지나게 타고 달려가는, 백발의 유럽의 할머니가.

나는 이곳에서 2주가량 생활할 수 있었고, 오로빌리언 Aurovill-ian(오로빌
에 거주하는 사람)들로부터 오로빌에 대해서, 그리고 그분들의 삶에 대해서 여
러 이야기를 들을 수 있었다.

스물넷, 인도에서
한국까지 걷다

••• 오로빌의 역사

1세대 시작은 초기 종교 공동체 모습이었으리라. 복잡한 이야기는 다 빼고 그저 간단하게 설명하면, 옛날에 스리 오로빈도 Sri Aurobindo 의 가르침을 따르던 사람들이 폰디체리의 한 아쉬람에 모여 살고 있었다. 그들은 'Human Unity'를 실현하는 인류 공동체를 건설하겠다는 원대한 목표를 갖고 있었는데, 1968년 2월 28일에 인도 정부로부터 폰디체리 인근에 반경 5km 정도 되는 땅을 불하받게 되자 그 꿈을 실천해 나가기 시작했다. 바로 오로빌의 시작이다.

> **홍규**
>
> 오로빌의 부지는 당시 스리 오로빈도 소사이어티(Sri Aurobindo Society)에서 기금을 조성하여 그 이전부터 매입해 놓은 것입니다. 인도정부로부터는 오로빌 프로젝트에 대해 지지를 받은 것으로 알고 있습니다. 당시 목표로 했던 반경 5km의 모든 땅을 한 번에 구입하지는 못했고, 오로빌리언들이 개인적으로 사서 기부한 땅들도 꽤 됩니다.[1]

사실 그곳은 바닷가 근처의 모래땅이라 풀 한 포기조차 제대로 나지 않던 버려진 땅이었다. 그러나 사람들은 환호했다. 드디어 인도정부나 외부세계의 간섭을 받지 않고 '인류 공동체'를 건설할 수 있는 장소를 얻은 것이다. 이때부터 소위 오로빌 판 '나무를 심은 사람'의 이야기가 펼쳐진다. 땡볕 아래서 땀을 죽죽 흘리면서 모래땅을 파고, 나무를 심고, 물을 대고, 그 나무가 말라죽으면 다시 파내서 다른 나무를 심고, 그렇게 근 20년이 흘렀다.

---

1 추가 : 이번에 책을 출판하게 되면서, 여행 중에 소중한 인연이 닿았던 분들께 원고에 대한 감수를 부탁드렸습니다. 그리고 얼마 후, 원고 곳곳에 빨간 줄이 도배된 답변도 받게 되었지요.^^;; 나름대로 꼼꼼하게 조사하고 기록했다고 생각했는데, 잠시 머무르는 여행자로서 숱한 실수와 판단오류를 저질렀던 것 같습니다. 처음에는 창피하고 부끄러워서 바로 원고를 고치려고 했습니다. 그런데 생각해보니 제가 어떤 부분에서 실수하고 잘못했는지를 기록해 놓는 것이, 다음 사람에게는 더 큰 도움이 되겠다는 생각이 들었습니다. 그래서 이번 글에서는 특별히 오로빌리언(Aurovill-ian) 홍규형에게 양해를 구해서, 제 부끄러운 글 원문과 이에 대한 홍규형의 코멘트를 함께 기록합니다. 그리고 이 방법이 오로빌에 대한 내외부인 시각 차이를 보다 분명하게 보여줄 수 있을거라 생각합니다.

2세대 1960년대 중후반 전 세계에 걸쳐 '해방운동'이 폭발했다(락, 비틀즈, 베트남 전쟁, 체 게바라, LA 흑인 폭동 등등…). 히피 Hippie 족들은 기존의 관습과 규율에서 벗어날 수 있는 해방구를 찾아다녔고, 오로빌이 그중에 한 곳으로 낙점되었다.

3세대, 지금 그 후 50여 년이 지난 지금, 버려진 모래땅이었던 오로빌은 울창한 숲 속 마을로 변했다. 예전 비바람이나 겨우 막던 초가살이는 유럽 디자이너가 설계한 아름다운 집으로 바뀌었고, 오로빌 Main Road 주변에는 관광객들을 위한 식당, 상가, 각종 편의시설들이 자리 잡았다. 그렇게 오로빌이 소위 사람 살만한 마을이 되자, 이번에는 은퇴 후의 생활을 즐기려는 'Silver'족들이 모여들기 시작했다. 따사로운 햇볕, 시원한 해변, 남의 이목을 신경 쓸 필요 없는 분위기, 유럽에 비하면 어이없을 정도로 값싼 물가 등은 은퇴 후에 제2의 인생을 시작하기에 안성맞춤인 조건이었기 때문이다.

> **홍규**
>
> 홍규 : 그런 사람들(Silver)이 많이 보이긴 하지만 그분들 모두 기본적으로 삶에 대한 반성적, 철학적 태도가 있기 때문에 오로빌을 선택하셨다고 생각합니다. 실제로 70~80이 넘는 연세임에도 계속해서 새로운 것을 배워가며 열심히 일하시는 분들도 많아요.

••• 오로빌의 자급자족 공동체 시스템 – 이론적인 설명

내 관심사는 오로빌의 '자급자족 공동체 시스템'에 있었다. '외부 세계의 도움을 받지 않고서도 내부 구성원들이 서로 협력함으로써 지속 가능한 세계를 구축해 나간다.' 누구나 한 번쯤은 꿈꿔보는 사회가 아니겠는가? 그러나 결론부터 이야기하면, 오로빌은 자급자족 공동체로 보기 어려웠다.

> **홍규**
>
> 자급자족에 대한 아이디어가 있기는 하지만, 인구가 2천 명 정도인 현재 상태에서 자급자족을 이루기엔 무리가 있다고 합니다. 그리고 오로빌의 철학도 고립된 경제를 추구하는 것이 아니라서, 자급자족을 달성하는 것보다는 조화와 균형을 이루는 것을 목표로 하고 있습니다. 오로빌 헌장에도 자급자족에 대한 이야기는 없거든요.

오로빌 헌장

1. 오로빌은 특정인 누구에게도 속해 있지 않다. 오로빌은 인류 모두에게 속해 있다. 그러나 오로빌에 살기 위해서는 디바인 컨셔스니스(Divine Consciousness)에 기꺼이 헌신해야 한다.

2. 오로빌은 끊임없는 교육의 장, 지속적인 발전의 장이자 영원한 젊음의 장이 될 것이다.

3. 오로빌은 과거와 미래를 잇는 가교가 되고자 한다. 오로빌은 안팎에서 얻어지는 모든 발견을 선용하여, 미래의 구현을 향해 힘차게 나아갈 것이다.

4. 오로빌은 실제 인류 화합의 살아있는 구현체를 위한 물질적 정신적 탐구의 장이 될 것이다.

물론, 오로빌에는 분명히 공동체적인 요소들이 존재하고 있었다.

우선, 오로빌리언들은 자신들의 시간(4~8시간)과 재능을 오로빌 공동체에 기부하고, 오로빌 공동체로부터 유지비 maintenance 라는 일종의 보상을 받고 있다. 가령, 오로빌에 정착한 전직 요리사 아주머니는 자신의 경력을 살려 오로빌 안에 있는 식당에서 근무할 수 있다. 물론, 꼭 식당이 아니더라도 어디에서 일할지, 무슨 일을 할지, 하루에 몇 시간 근무할지 등등은 자유롭게 선택하면 된다.

여하튼, 어딘가에서 하루에 대략 5시간 정도 근무하면 한 달에 약 20만 원 정도의 유지비를 받게 된다. 이때, 이 20만 원을 '임금'이 아니라 '유지비'라고 부르는 것은, 하루 5시간의 근무를 노동이 아닌 자발적인 능력 기부로 간주하기 때문이다.

Q 그렇다면, 단돈 20만 원을 받고도 생활을 유지할 수 있는가?

A 오로빌 안에서는 가능하다.

먼저, 오로빌에는 쏠라키친 Sola kitchen 이라는 식당이 있는데, 이 식당에서는 오로빌리언들에게 끼니마다 약 120루피(약 2,400원)라는 저렴한 가격에 양질의 음식을 제공하고 있다. 이 식당도 오로빌 소속이고, 이곳에서 일하는 사람들도 모두 오로빌에서 시간/재능 봉사를 하는 것이어서 식당 운영 비용이 그다지 크지 않기 때문이다.

또한, 이 솔라키친 옆에는 오로빌 사람들이 공짜로 무기 농산물을 가져갈 수 있는 일종의 마켓?(뉴 푸루투스)이 있다. 진짜로 공짜다.(이론적으로는) 각자 필요한 만큼 가져갈 수 있다. 이 농산물 또한 오로빌 소속의 밭에서 오로빌리언들에 의해 재배되기 때문이다.

뉴 푸루투스(Pour Tous, 의미 : for everyone)는 공짜가 아니에요. 초합개념에 가까워요. 회원제이고 매달 돈을 내요. 원래 의도는 필요한 만큼만 가져가는 방식이었다고 해요. 초창기 오로빌에서는 지금처럼 돈으로 유지비를 받은 것이 아니라 바구니를 받았다고 하거든요. 바구니를 들고 푸루투스에 가서 필요한 만큼 식재료를 담아 왔었다고 들었어요. 다만, 지금은 매달 돈을 낸 만큼만 가져가야 한답니다.

한편, 옷이나 다른 필요한 물자들은 물물교환으로 해결한다. 오로빌 안에는 자신들이 쓰지 않는 물건들을 가져다 놓는 창고?(프리스토어, Free-store)가 있고, 오로빌리언이라면 누구나 자유롭게 이 물건들을 가져다 쓸 수 있다. 이런 공유시스템을 2천 명을 넘는 사람들이 이용하는 만큼, 어지간한 물건들은 웬만해선 구할 수 있다.

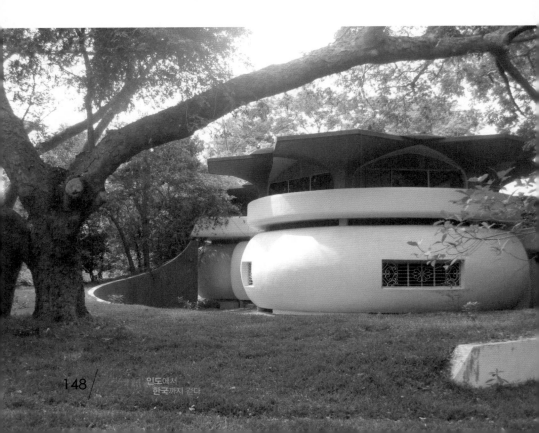

홍규

프리스토에는 웬만한 물건들은 사실 없고, 주로 의류, 그것도 대개는 여자들 옷뿐이랍니다. 대개 필요한 물품들은 푸루투스나 근처 폰디체리에 가서 사죠.

또한, 병원, 이발소, 학교 수업, 체육 활동 시설 등등 기타 서비스들도 거의 무료로 이용할 수 있다. 오로빌에는 왕년에 각종 전문직으로 활약하던 사람들이 곳곳에 있기 때문에, 의외로 어지간한 도시보다 높은 수준의 서비스를 제공받을 수 있다.

마지막으로, 집 문제. 사실 집 문제가 조금 골치 아프다. 원칙적으로 오로빌의 모든 토지/주택은 오로빌 소속이다. 따라서 이론적으로는 오로빌리언들은 무상으로 이 주택들을 임대해서 이용할 수 있어야 한다. 그러나 세계 어디를 가든 주택은 항상 수요에 비해 공급이 부족하다. 주택을 짓는 데에는 많은 돈과 시간이 필요하기 때문이다. 따라서 오로빌에서도 주택을 무상으로 배정받기는 쉽지 않다. 결국, 주택시장에 관해서는 오로빌에서도 일종의 블랙마켓 같은 기묘한 시스템이 존재하는데, 이 부분에 대해서는 별로 알아내지 못했다.

홍규

오로빌에서 집은 개인이 사야 합니다. 오로빌을 떠날 때는 돌려받지 못하고요. 사실 오로빌 1세대들은 땅 사고, 집 짓고, 커뮤니티 사람들 월급까지 자기 돈으로 주는 경우가 많았대요.
한편, 블랙마켓이라는 것은 자기 돈으로 집을 지었는데 오로빌을 떠나려고 하니 아까워서 비공식적으로 팔고 도망가는 경우에요. 사실 그런 경우가 많진 않았고요. 현재는 불가능합니다. '오로빌에는 주려고 와야지 받으려고 와서는 안 된다'라는 말이 있어요. 완성된 천국을 바라고 온다면 말도 안 될 정도로 엉터리 같은 곳이 오로빌이지만, 그나마 그런 완성된 천국을 만들려는 시도가 있는 곳 역시 오로빌이랍니다.

••• 오로빌의 자급자족 공동체 시스템 – 실제의 모습

모두가 평등할 것 같은 오로빌리언들 사이에서도 2가지 계급이 존재한다. 바로, '생계형 오로빌리언'과 '여가형 오로빌리언'이다.

생계형 오로빌리언들은 오로빌 내에서 재능기부를 하고 받은 유지비 20 여만 원을 가지고 한 달 동안 먹고, 자고, 놀고를 모두 해결해야 하는 사람들이다. 아무리 오로빌이라고는 하지만 한 달에 20만 원만으로 생활하기는 쉽지 않다. 그래서 일부 생계형 오로빌리언들은 주기적으로 자기 나라로 돌아가서 생활비를 벌어온다.

반대로 여가형 오로빌리언들은 그저 다른 사람들과 어울리기 위해 일을 할 뿐, 실제로 쓰는 돈은 본국에 있는 자기 계좌에서 가져오는 사람들을 말한다. 여가형 오로빌리언 중에는 특히 유럽에서 일하다가 은퇴한 후에 오로빌로 이주한 사람들 Silver이 많은데, 이 사람들은 인도의 싼 물가 하에서 소비하는 것에 아무런 거리낌이 없었다. 뭐, 유럽에서 4,000~5,000원 한다는 맥주 한 병이 폰디체리에서는 1,500원이 될까 말까 하니 말 다했다.

> **홍규**
>
> 돈이 진짜 많지만 생계형으로 사는 사람도 있고, 돈이 없어도 여가형으로 사는 사람도 있답니다. 문제는 삶에 대한 태도이지, 돈이 많고 적으냐의 문제는 아니라고 생각해요

결론적으로 여가형 오로빌리언들은 본국에 있는 계좌에서 돈을 꺼내와 자신들이 사고 싶은 것들을 마음껏 사들인다. 그 종류는 피자, 스파게티, 와인, 보드카 등 먹는 것에서부터 TV, 냉장고, 세탁기 등 가전기기까지 외부 세계와 별반 다를 바가 없다. 물론, 이 물건들은 오로빌 외부에서 들여와야만 하는 것들이다.

위와 같은 한계점이 있었지만, 오로빌은 나도 한 1년 정도는 꼭 살아보고 싶을 정도로 무척 매력적인 공간이었다. 이곳에는 자유가 있고, 다양한 문화가 있고, 새로운 생각과 시도를 추구하는 프론티어 정신이 있었기 때문이다. 그러나 내가 오로빌에 대해서 결정적으로 실망하게 된 2가지 이유가 있었으니….

첫째, 궂은일은 남들한테 시킨다.

군대 생활을 해 본 사람이라면 알 것이다. 좁은 공간에 많은 사람이 생활하다 보면 정말로 하기 싫어도 꼭 해야만 하는 일들이 생긴다. 예컨대, 누런 오줌 때가 낀 소변기를 손으로 닦는다거나, 각종 오물과 쓰레기가 뒤범벅된 쓰레기장을 분리수거 해야 한다거나 따위 말이다.

그러면 오로빌에서는 누가 이런 일들을 할까? 재밌게도 어디선가에서 오로빌로 오신 그 고상한 분들은 결코 이런 일을 하지 않는다. 요가, 미술 수

업, 해수욕 등등의 스케줄은 수첩에 빼곡히 적어가며 찾아다니시는 분들이, 이런 일들에는 별 관심이 없다. 왜냐하면, 오로빌 주변에는 단돈 10만 원만 주면 이런 일들을 해줄 현지 인도인들이 쌔고 쌨기 때문이다.

맞기도 하지만, 그렇지 않은 사람도 많아요. 특히 오로빌 초기에는 누구나 구분 없이 같이 일했었고, 현재도 일선에서는 유럽인이건 현지 인도인이건 관계없이 같이 일하는 사람들이 많아요. 예를 들어, 우리 옆집에 사시는 헐버트 할아버지는 독일인인데 궂은일도 자신이 모두 다 하세요. 더군다나 화장실 변기 청소나 분리수거 같은 것은 주변 현지인들에게는 거의 시키지 않아요. 주로 공사 잡부, 정원사 등 단순노동을 많이 시키지요. 하지만 이것도 한국적 시각이 아니라 인도적 시각에서 바라본다면 나쁜 면만 있는 것은 아닙니다. 직업에 대한 귀천의식도 일반사회에 비하면 거의 없어요.

둘째, 자유의 방종은 이기주의다.

오로빌리언들은 규칙, 법이라는 말을 그다지 달가워하지 않는다. 뭐, 규칙과 관습에 얽매이기 싫은 자유로운 영혼들이 모여 있으니 당연한 일이겠다. 그런데 이곳에서 나는 밀John Stuart Mill 선생님이 어째서 '개인의 자유를 보장하기 위해서는, 역으로 개인들의 자유를 제한해야 한다.'고 말씀하셨는지를 이해할 수 있었다.

다음은, 오로빌에서 들었던 한 사례를 재구성한 것이다.

한 오로빌리언이 자신이 살 집을 짓기 위해서 고군분투했다. 집터를 알아보고, 집터에 맞게 집을 설계하고, 집을 지어도 되는지 오로빌 도시관리과에 허락을 맡고 등등. 갖은 난관이 있었으나 3년에 걸친 각고의 노력 끝에 모든 준비를 끝마쳤다. 단, 한 가지 문제만 빼고.

문제는, 설계대로라면 어쩔 수 없이 이웃집 할머니가 심어놓은 나무 몇 그루를 베어내야만 했다. 물론, 남의 나무를 함부로 베어내어서는 안 될 것이다. 그러나 그 사람은 상황이 너무도 다급했던지라 이웃집 할머니에게 매달렸다. 그런데….

이웃집 할머니 : "나는 내 나무가 내 목숨보다 소중한 사람이다. 따라서 당신은 내 나무를 절대로 베어낼 수 없다."

결국, 그 사람은 집을 짓지 못했다.

> **홍규**
>
> 이 경우에 오로빌 사람이라면 당연히 집보다 나무가 가치 있다는 것을 알아요. 새로 집을 지으려는 사람이 오히려 먼저 온 사람의 수십 년 노력을 무시하려고 한 것이네요. 새로 집을 짓는다면 당연히 나무가 다치지 않게 지으면 되지 할머니가 평생 가꾸어온 나무를 베어버리겠다고 하면 어불성설이지요.

> **홍규**
>
> 추가 : 오로빌도 사람 사는 곳이니만큼 사람들 사이에 갈등이 생기기 마련이에요. 그러나 저는 그러한 갈등을 새로운 규칙과 제도로 해결하는 것에 반대합니다. 현재 오로빌에도 그러한 경향이 존재해서, 제가 무척 염려하고 있답니다. 오로빌은 인류의 영적 진화를 목표로 하고 있습니다. 쉽게 이야기하자면 모든 개개인이 훌륭한 인격체인 그러한 사회를 꿈꾸는 곳이죠. 만약, 개개인의 자유가 규칙이라는 컨트롤(control) 하에서만 조화로울 수 있다면, 그것은 다른 여타 사회들과 다를 바가 없는 것이지요.

사람이 살아가는데 그다지 많은 것들이 필요하지 않다는 점을 알게 되었다.

India, India

India, India, take me to your heart
Reveal your ancient my mysteries to me
I'm serchin for an answer, but somewhere deep inside
I know I'll never find it here — it's already in my mind

India, India, listen to my plea
Sit here at your feet so patiently
I'm waiting by the river but somewhere in my mind
I left my heart in England with girl I left behind

—하략—

John Lenon, The Beatles
(추가: A Song of India, Sarah Brightman)

요가의 본고장

리시케시|Rishikesh

1968년, 전 세계적인 인기를 끌고 있던 비틀즈 멤버들이 뜬금없이 인도로 여행을 떠났다. 당시 영국 히피들 사이에서 영적 구도자로 알려졌던 요기 yogi 마헤쉬 Maharishi Mahesh 밑에서 수행을 쌓기 위해서였다. 비틀즈 멤버들은 짧게는 며칠부터 길게는 수개월까지 리시케시에 머물렀다. 그리고 이때의 경험을 바탕으로 훗날 주옥같은 명곡들을 만들었다. 물론, 'Sexy Sadie'도 포함해서….

욕망은 쾌락에 따라서 일어나는 마음이다.
혐오는 괴로움에 따라서 일어나는 마음이다.

– 파탄잘리, 요가수트라

첫 느낌은 말 그대로 '인도스럽다'였다.

시원하게 뻗어있는 갠지스 강에서는 수많은 순례자들이 목욕을 하고 있다. 그 강변 옆에는 허름한 천막들이 줄지어 서 있고, 그 안에는 머리가 떡질대로 떡진 요기 yogi 들이 명상 중이다. 그리고 길거리에서는 눈동자가 반쯤 풀린 사두 sadhu 들이 관광객들을 툭툭 치며 구걸을 하고 있다.

솔직히 신비롭다기보다는 무서웠다. 가진 것이 없으니 잃을 것도 없는 사람들이다. 자기들 딴에는 그래서 더 자유롭다고 하지만, 이는 다시 말하면 갈 때까지 가도 별 상관없다는 의미다. 막말로, 내가 저 사람들이 '영적 구도자'인지 아니면 '부랑자'인지 어떻게 구별하겠는가.

스물넷, 인도에서 한국까지 걷다

••• 아쉬람(Ashram) – 스리 베드 니케탄(Sri Ved Niketan)

나는 갠지스 강가의 수많은 아쉬람 중에서 '스리 베드 니케탄'이라는 곳에 짐을 풀었다. 뭐, 숙소를 정하는 기준으로는 안전해야 하고, 조용해야 하고, 다른 여행자들과 어울릴 수 있어야 하고 등등이 있지만, 무엇보다도 가격이 무척 쌌다. 하루 방값이 고작 100루피(약 2천 원)이고 매 끼니 가격은 단돈 20루피(약 400원) 불과했다. 객실 규모도 100여 실에 달할 정도로 큰 데다가, 3일 이상만 머무르면 하루 2차례 있는 요가 수업도 공짜로 받을 수 있다. 돈은 없고 시간은 많은 장기 여행자에게는 정말로 좋은 곳이었다.

••• 하루 일상

아침 7시, 어제밤에 일찍 잠든 덕분에 가뿐히 일어날 수 있었다. 어슬렁어슬렁 아쉬람 밖으로 나가면 갠지스 강이 시원하게 펼쳐진다. 히말라야 빙하가 녹아서 내려오는 것이라는 갠지스 강은 그 물소리와 바람 소리가 상상을 초월했다. 주변 산책 겸 운동 겸해서 마을 한 바퀴를 돌고 왔다. 평화롭다.

오전 8시 반, 아침 요가 수업이 시작되었다.
예상은 했지만, 온몸 구석구석의 근육들이 팽팽하게 늘려지면서 비명을 지르기 시작한다. 고작 20대의 나이에 빳빳하게 굳어버린 나, 늙기는 늙었나 보다.

이렇게 한 시간 정도의 고행이 끝나면, 소위 '시체자세'라는 선물이 주어진다. 말 그대로 바닥에 훌러덩 눕는 것이다. 행복하다.

나는 과거로도, 지구 반대편으로도 날아가고, 어느새 우주를 두둥실 떠다

닌다. 그리고 쿨쿨….

그렇게 10여 분을 깜빡 졸았을까. 요가 선생님의 '탁'하는 신호에 잠에서
깨면, 온몸이 날아갈 듯이 가볍다.

요가 수행을 마치고 아침 겸 점심을 먹었다. 그리고 힌디어 공부도 겸해
서 리시케시 한 바퀴를 돌고 왔다. 여전히 강가에서는 수많은 순례자들이
목욕을 하고 있다. 길 한복판에서는(특히 이곳에서) 사람보다 먼저인 소 cow
들이 시원하게 똥, 오줌을 갈긴다.

오후 4시, 두 번째 요가 수업이 시작된다.
이때는 하루 동안 쌓였던 스트레스와 피로를 팍팍 벗겨내는 시간이다. 다
시 한 시간 반가량의 고행(?)이 이어지고, 이후 말끔해진 몸을 이끌고 갠지
스 강가로 나간다.

강도 바람도 시원하다.
그리고 압권은…….

'문득 아름다운 장면과 마주쳤을 때, 함께 하고 싶은 사람이 떠오른다면….'
- 출처 불명

• • • 그리고 반전

여행이란, 자기가 언제 짜증내고, 힘들어하고, 외로워하는지를 알아가는 과정이다.

– 여행인류학자 이민영

나는 리시케시에서 이렇게 보람차고 상쾌한 시간이 어느 정도는 지속되리라 기대했다. 그러나 달라질 것 없는 일상에 지루해하고, 매번 똑같은 거리를 토나올 정도로 맴돌며, 어둠이 내린 밤 동안에 무료함과 외로움에 몸서리치게 되기까지 그리 오랜 시간이 걸리지 않았다. 마치, IIT에서, 나갈랜드에서, 오로빌에서 그랬던 것처럼….

소토코모리 外こもり

　내가 머물던 아쉬람은 하루 5,000원이면 숙박, 식사, 요가수업까지 해결할 수 있는 아주 착한(?) 숙소였다. 특이한 점은 이 아쉬람에 유독 일본 친구들이 많았다는 점이다. 이 친구들은 대체로 장기 여행자이면서, 방에서 잘 나오지 않는다는 공통점을 갖고 있었다. 소위 '소토코모리'라고 불리는 친구들이다.

　흔히, '히키코모리'라는 용어는 들어 보았을 것이다. 각박하고 삭막한 일본 주류 사회에 적응하기 어려웠던 이들이, 세상을 거부한 채 자기 방문을 굳게 닫았다. 이 히키코모리의 해외 판 버전이 소토코모리다.

　히키코모리들은 일본에 있기 때문에 (어쩔 수 없이) 가족들의 핀잔을 들어야 하고, 남의 이목을 신경 써야 한다. 반대로 소토코모리들은 해외에 있기 때문에 누구 하나 간섭하는 사람이 없고, 남의 눈을 신경 쓸 필요가 없다. 물론, 해외에 다녀왔다고 하면 다른 사람들에게는 좀 더 있어 보이기도 하다.

　소토코모리들은 대개 일본 내에서 편의점, 주유소, 패스트 푸드 가게 등에서 아르바이트하면서 돈을 모은다. 이렇게 한 6개월쯤 일을 해서 해외에 나갈수 있을 만큼 돈이 모이면, 인도나 태국 등 물가가 싼 나라로 훌쩍 떠난다. 그리고 현지 숙소를 장기로 빌린 뒤, 한 달이고 두 달이고 처박혀있는다. 벌어온 돈이 고갈되면 안 되니 돈은 겁나게 아껴 쓰면서 말이다. 그렇게 3~6개월 정도가 지나서 비자가 만료될 때면 일본으로 돌아간다. 그리고 다시 아르바이트해서 돈을 모은 후, 해외로 나가서 처박혀있는다.

물론, 소토코모리 현상은 그들만의 문제가 아니다. 장기불황을 겪고 있는 일본에는 이들에게 돌아갈 자리가 많지 않다. 어디서(?   )많이 듣는 소리다. 88만 원 세대라고 불리는 우리 세대가 해외로 내몰리게 되는 시기도 그리 많이 남은 것 같지는 않다.

인도 유일의 '공식' 요가 대학교

DSVV Dev Sanskriti Vishwa Vidyalaya

인도에 온 사람이라면, 누구나 한 번쯤은 발을 담그게 되는 '요가'.

리시케시에서 만난 꽃누님의 소개로, 근처 하리드와르 Haridwar 에 있는 DSVV에서 머물게 되었다. 운이 좋았던 점은 꽃누님 소개로 만난 사람이 이 학교의 'Number 2'에 해당하는 실세(학교 설립자의 아들)였다는 점이다. 그분은 내가 서울대 학생인 것보다 IIT에서 교환학생으로 공부했었다는 것에 더 많은 관심을 보이셨고, 내가 인도 전역을 돌아다니며 내 나름대로 필드워크를 하고 있다고 말씀드리자, 내게 파격적인 지원을 해 주셨다.

먼저, 내가 원하기만 하면 DSVV(대학)와 샨티쿤지(아쉬람 공동체)의 그 누구와도 인터뷰할 수 있도록 조치해 주셨다. 또 필요하다면 몇몇 대학 강의에도 들어갈 수 있도록 허락해 주셨다. 그리고 무엇보다도 킹사이즈 방만 4개에 주방 및 거실까지 딸린 스위트룸을 통째로 빌려주시고, 삼시 세끼 맛있는 식사까지 배달해 주셨다.

비용은…??
그냥 마음 편히 머물라고 하신다. 무슨 의미이지??

당시 나는 단돈 1,000원이라도 아끼려고 울고불고하던 소금 바가지 여행자였다. 자연히 내 입가에는 감출 수 없는 미소가 걸렸다. 사실 행복했다.

이 방이 내가 지금까지 머물렀던 어떤 숙소보다도 좋았기 때문이다. 다만, 몇 가지 것들이 걸려 마음은 편하지 않았다. 어찌 되었든 나는 마음 편히 (×)/몸 편히(○) DSVV에서 일주일간 머물면서, 인도 정부가 인정한 유일한 요가 대학교를 자유롭게 살펴볼 수 있었다.

DSVV는 우후죽순처럼 존립하고 있는 아쉬람들 중에서, 요가를 학문적으로 체계화하고 보급하기 위한 목적으로 설립되었다. 국가의 지원 없이 샨티쿤지라는 아쉬람의 후원을 통해서만 운영되고 있었는데, DSVV 사람들은 이 점을 무척 자랑스러워했다. 이 샨티쿤지만 해도 약 3만 명이 거주하고 있는 거대한 아쉬람으로, 그 안에 여러 아파트 단지가 세워져 있을 정도로 하나의 도시에 가까웠다.

오로빌과 마찬가지로 샨티쿤지에서도 여러 공동체적인 요소가 존재했다. 예컨대, 샨티쿤지에서도 극소수의 스텝들을 제외한 대부분의 스텝들은 자원봉사자였다. 이들은 샨티쿤지에서 행정, 건물보수, 청소 등의 제반 업무를 수행하고, 샨티쿤지는 이들에게 무상으로 숙소, 식사, 의료서비스 등을 제공한다. 이곳 사람들은 수행 반半, 봉사 반半의 마인드로 무척 검소하게 생활하고 있었기 때문에, 샨티쿤지 안에서 웬만한 것들은 모두 자급자족하고 있었다.

내가 DSVV 에서 관심 가졌던 부분은 다음과 같다.

현대에 들어 빈번하게 발생하고 있는 허리·무릎 통증, 어깨 결림, 소화불량, 불면증 등 소위 만성적인 질환들은 대개 현대 의학으로도 치료하기 어렵다. 질환에 특별한 원인이 있기보다는, 생활습관이라든지 심리적인 요인이라든지 하는 복합적인 요인들이 작용하고 있기 때문이다. 그래서 이러한 질환들에는 오히려 요가 yoga 혹은 아유르베다 ayurveda 같은 대안치료가

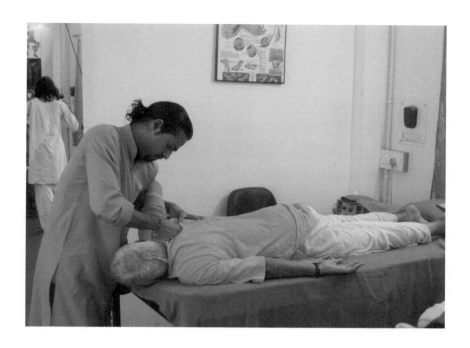

효과를 발휘할 수도 있는데, (한국의 한의학과 마찬가지로) 이들 대안치료의 지향점이 몸의 특정 부분만을 치유하려는 것이 아니라 온몸의 전반적인 균형을 회복하는 것에 있기 때문이다.

그런데 여기서도 한 가지 과제가 남는다. 과연, 과학/비과학의 영역에 두루 걸쳐 있는 요가, 아유르베다 등이 현대 의학의 관점에서도 인정받을 수 있는가?

예컨데, 본디 요가라 함은 파편화된 객체인 자신을 우주론적인 신의 일부로 되돌리려는 수행법이다. 쉽게 말하면, 윤회의 수레바퀴에서 벗어나서 해탈하는 것 정도가 될 것이다. 따라서 요가의 수행법은 명상, 호흡, 노동, 식습관, 5개의 구멍 세척(5개의 구멍이 어디인지는 각자 생각해보기 바란다.) 등등 광범위한 범위에 걸쳐 있고, 우리가 알고 있는 스트레칭 비스 무리한 요가 동작들은(하타요가) 전체 요가 중에서 극히 일부분일 뿐이다. 따라서, 치료 목적으로 요가를 시술받는다고 하더라도 보통 환자들은 다음과 같은 설명을 듣게 된다.

가상의 예시 : 사람의 꼬리뼈 뒷부분에 있는 쿤달리니(Kundalini, 일종의 에너지)가 척추를 따라 상승하면, 상반신에 있는 주요한 7개의 차크라(Chakra, '혈도'정도 되려나)가 각성된다. 그러면 온몸의 밸런스가 회복됨으로써 건강한 상태를 유지할 수 있다.

물론, 이 설명을 듣고 있는 서양 할아버지/할머니들은 어안이 벙벙할 뿐이다.

부처님 눈에는 부처님만 보인다

돈에 얽매였던 것은 나 혼자였다

일주일 내내 마음이 무거웠다.

고작 학부생 주제에 필드워크 중이라고 소개했던 것이 가슴에 걸렸다. 요가와 현대 의학의 접목이 내 주요 관심사가 아니었다는 점도 가슴에 걸렸다. 무엇보다도 내가 숙박비용을 여쭤봤을 때 '그저, 마음 편히 지내세요.'라고 하셨던 말씀이 걸렸다. 딱 봐도 하루 3만 원은 넘을 듯한데….(덜덜덜….)

경제학의 기본 명제 There is no 'FREE LUNCH'.

어찌 되었든 떠나야 할 시간이 되었다. 나는 마음을 비우고 작별 인사를 드리러 갔다. 지금까지 DSVV에서 지내면서 있었던 일들에 대해 가볍게 이야기를 나누었고, DSVV에 대해 느꼈던 몇 가지 점들을 말씀드렸다. 그리고 미리 준비한 작은 선물(중국식 부채)을 드렸다.

헉, 사양하신다.

다시, 역시 미리 준비한 1,000루피(약 2만 원)를 드렸다. 여행가의 냉정한 계산으로 7일간 체류비용으로는 턱없이 모자란 돈이다. 그저 명목상 드리기에 나쁘지 않은 액수일 뿐이다.

그런데,

"이럴 필요 없다. 네가 함께한 것만으로도 우리는 무척 즐거웠다. 이렇게 샨티쿤지와 너와의 인연이 이어진 것이 어디냐? 더군다나 너는 학생이니 돈이 필요할 것이다. 가지고 있어라."

(이때 나는 왜, 이미 드리기로 마음먹었던 1,000루피조차 아깝다는 생각이 들었을까?)

결국, 나 혼자만 돈에 얽매이고 있었다. 다른 모든 사람은 나를 환영해 주었고, 친절하게 보살펴 주었고, 그것만으로도 충분히 감사하고 있었다.

정도 正道가 아닌 것에 집착하면 추해진다.

짧은 인연?

맥그로드 간즈Mcleod Ganj에서

다음 목적지는 티벳 망명정부의 소재지로 유명한 맥그로드 간즈였다.

히말라야 산맥의 남서쪽 끝자락에 위치한 맥그로드 간즈!!

가본 사람들은 안다. 이곳은 진실로 여행자들의 천국이다.

오후 6시, 가이드북에 티벳 승려들이 운영하고 있다는 식당(샹그릴라)에 들렀다. 그리 이른 시간이 아닌데도 아무도 없다. 뭐, 혼자 밥 먹는 입장에서 다른 사람들이 없으면 오히려 좋다.

리시케시와 하리드와르에서는 채식만으로 내장을 단련했었다. 그러다가 한국의 곰탕 비스름한 티벳 뚝바를 먹으니 정말로 살 것 같다. 진심으로 맥그로드 간즈 사랑한다. 그렇게 식사를 마치고 나가려고 하는데, 때마침 IIT에서 함께 공부하던 장우에게서 전화가 걸려왔다. 간단히 내가 살아있다는 것 정도만 알려주면 되었을 통화는 이제 곧 시작될 장우의 인도 여행 이야기로 넘어갔고, 어느새 세월아 네월아 하게 되었는데….

딸랑, 딸랑….

문이 열리고, 어떤 예쁘장하게 생긴 여자애가 안으로 들어왔다.

엥? 일본? or 한국?

나는 분명 호기심이 동했다. 그러나 혼자 여행하는 남자가 여자에게 말을
거는 것은 그 의도가 뻔한 것이라, 그저 잠자코 있었다. 나라도 나같이 험상
궂게 생긴 사람이 먼저 말 걸어오면 경계할 것 같더라. 그런데 내 통화 소리
를 들었는지 그 여자애가 나한테 먼저 말을 건넸다.

"한국인이세요?"

"예?…, 예….."

그렇게 얼떨결에 몇 마디 하게 되었다. 당시, 식사를 끝낸 나. 그리고 이
제 막 주문한 그 여자애. 나는 왜 이렇게 식사를 빨리 끝냈는가….
좀 더 이야기하고 싶은 마음이 굴뚝같기는 했으나, 상황이 아닌 듯 싶더
라. 그래서 눈물을 머금고 나가려는 차에….

"저, 괜찮으시면 잠시 이야기하다 가세요."

그날 오고 갔던 대화는 잘 기억나지 않는다. 다만, 주로 그녀의 여행 이야
기였던 것 같다. 그녀는 무척 순수하고도 즐거운 여행을 했다. 물건을 사기
당했던 것에 화를 팍팍 내고, 물갈이하면서 뻗어도 보고, 치한을 만나서 오
들오들 떨어보기도 하고, 그러면서도 웃음을 잃지 않고 있다.
'눈치가 빠른 것도, 기가 센 것도 아니면서 용케도 레(Leh, 오래된 미래-라다
크로부터 배우다의 배경도시)까지 다녀왔구나. 나조차도 선뜻 여행할 자신이 없

는 곳인데.'

도와주고 싶다는 생각이 들었다. 어떻게 될지는….

•••다음 날

오전 8시, 어젯밤에 그녀와 다시 만나기로 약속했던 시간이다. 나는 티벳 빵 하나를 사 들고 행여 늦을세라 그녀가 머물고 있던 숙소로 달려갔다.

그녀는 곤하게 자고 있었다. 내가 노크하니 그제야 부스스하게 나타난다.

어디를 갈까 고민하다, 어제 혼자 가 보았던 달 호수sacred Dal lake 에 가기로 했다. 이렇게 그저 이틀 편히 쉬고 가려고 했던 맥그로드 간즈에서 예쁜 여자애와 숲 속 길을 걷게 되었다.

함께 숲 속 길을 걸으면서, 그리고 달 호숫가 옆에 나란히 앉아 많은 이야기를 나누었다. 주로 그녀가 이야기하고 내가 들어주었던 것 같다.

어렸을 적부터 몸이 허약했다고 하는 그녀는 덕분에 학교와 병원을 번갈아 다니며 어린 시절을 보냈다. 이 점이 안쓰러웠던지 그녀의 아빠는 그녀혼자서는 가스 불도 켜지 못하게 할 정도로 과도하게 보호했다고 한다. 그리고 바로 이 점 때문에 그녀는 다른 사람에게 의지하지 않은 채 혼자 힘으로 살아가는 방법을 배우지 못했다.

그녀는 자신을 극진히 보살펴준 아빠에게 감사해 하면서도, 자립능력을 잃게 한 아빠를 미워하고 있었다. 그리고 이 모순된 감정 때문에 무척 힘들어하고 있었던 듯하다.

그녀는 지금 대학을 휴학하고 그저 마음 편히 쉬러 왔다고 한다. 맥그로드 간즈에 오니 맛있는 음식들이 잔뜩 있고, 누가 이래라저래라 간섭하지 않아서 너무너무 좋다고. 아마도 그녀로서는 이번 여행이 처음으로 혼자 세상에 발 디뎌보는 경험이리라.

나는 이러한 사람을 선택할 수 있을까?
다른 사람에게 기대고 의지하려고 하는 사람을
나 역시 한없이 나약한 사람이기에.

···그 다음날

그녀와 좀 더 있고 싶어 암리차르(Amritsarm, 황금 사원으로 유명한 시크교의 성지)로 가지 않고 맥그로드 간즈에 하루 더 남았다. 내 딴에는 무척 용기 있는 행동을 했다고 스스로 흐뭇해 했다.

　아침, 맥그로드 간즈의 상쾌한 숲길을 함께 걷고 싶었으나, 행여 그녀가 부담스러워 할까 봐 꾹꾹 참았다. 약속시각인 오후 4시까지 시간을 보내기 위해서, 기왕 맥그로드 간즈에 온 김에 티벳 망명정부에 대해서 알아보기로 했다. 망명정부 청사에 가서 산더미만큼 자료를 받았고, 치안국에 가서 티벳 사람들과 현지 인도사람들 사이에 발생하고 있던 분쟁에 관해서 물어보았다. 그런데 시간은 정말로 잘 가지 않는다.

　마침내 오후 4시가 되었을 때, 그녀에게 문자를 보냈다.

　"저, 어디쯤이신가요?"

연락이 없다. 다시 보낼까 하다가 기다리기로 했다. 그리고 10분 후.

"미안해요, 다른 일 때문에 만나기 어려울 것 같아요."

'여기까지인가….'

나는 풀이 죽은 강아지 마냥,
구석진 벤치에 쪼그리고 앉아서,
혼자 멍하니 이 글을 끄적였다.

아마도 시작은
여기서 부터리라

맥그로드 간즈에서의 아
쉬움을 뒤로한 체 델리로
돌아왔다. 델리에서는 주
재원으로 근무하는 정길이
형 집에서 지냈던 덕분에
무척 편안하게 쉴 수 있었
다. 다음 목적지는 사막의
본고장이자 낙타 사파리
로 유명한 자이살메르Gold

City, Jaisalmer 다. 그리고 이번에는 혼자가 아니라 정길이형, 상묵이, 나 이
렇게 3명에서 함께 간다.

2011.10.03.
자이살메르로 출발하는 날, 사실 큰 고민이 있었다. 원래 내 계획대로라
면, 자이살메르에 다녀온 후에 정길이 형과 같이 네팔 안나푸르나 트레킹을
다녀와야 했다. 그런데 어제 오후에 뱅갈로르의 마스터 Lee로부터 연락을
받았다. 10월 22일에 마스터 Lee의 수제자자 내 친구이기도 한 요가난의 결
혼식이 있단다.

나는 눈 딱 감고 원래 계획대로 갈까 생각했다. 정길이 형과 함께 안나푸르나에 가면, 분명 인심 좋은 정길이 형이 이것저것 챙겨주리라. 그러나 마지막 순간에 다시 뱅갈로르로 내려가기로 결정했다. 요가난의 결혼식에 참석하지 않으면 몸은 편할지 몰라도 마음이 불편할 것 같았다. 지금 돌이켜 보아도 이때 올바른 선택을 했다고 생각한다. 이 선택이 내게 어떤 결과를 가져올지는 미처 알지 못했지만….

오후 3:00 막판까지 뱅갈로르로 다시 돌아갈지 말지를 고민하다 기차 시간에 급하게 되었다. 허겁지겁 이동해서 출발 5분 전에야 가까스로 기차에 올라탔다. 기차에 타기는 했지만 함께 가는 정길이 형과 상묵이에게 눈치가 많이 보였다. 정길이 형이 그렇게 과자를 잔뜩 사서 기차에 탈 거라고 이야기했었는데, 나 때문에 하나도 못 샀다. 앞으로 기차를 타고 20시간 정도 가야 한다.

그런데 기차가 막 출발하려는 순간에 손에 기차표를 든 채 우왕좌왕하는 한국인 누나를 목격했다. 한눈에 보기에도 인도에 처음 온 여행자이다.

"지금 뭐 하세요?"
"네? 그게 제 자리를 못 찾겠어요."
"이 기차인 건 확실해요? 자이살메르가는."
"아. 네. 근데 여기…."
"그럼 일단 타요. 도와줄 테니까 어서요."
이렇게 해서 순식간에 일행이 추가되었다(3 + 3 = 6).

(참고로, 인도에서는 기차만 맞으면 무조건 타라. 되는 것도 없고, 안 되는 것도 없는 나라가 인도다. 불쌍한 외국인이 기차에 올라타면 친절한 인도 사람들로부터 기대 이상의 호의를 받을 수 있을 것이다.)

사막에서 왕따? 당한 일

사막에서

그는 너무도 외로워

때때로 뒷걸음질로 걸었다.

자기 앞에 찍힌 발자국을 보려고….

– 오르텅스 블루 '사막' 전문

돌이켜 보면, 처음부터 삐그덕거렸다.

일단 나는 장기 여행자였다. 벌써 인도에

온 지도 15개월째다. 이제는 웬만한 유적

이나 풍경에는 별로 감흥이 없다. 그런데 다른 일행들은 하나같이 인도여행

이 처음인 사람들이었다. 이 사람들은 도로 위에서 소들이 아무렇지도 않게

돌아다니는 것, 오토릭샤 언클 uncle 과 매번 가격 흥정을 해야 한다는 것, 식

당에서 손으로 밥을 먹는다는 것 등등 인도의 모든 것들을 신기해했다. 나

는 그 사람들이 그런 것들을 신기해하는 것을 신기해했다. 그나마 인도에서

주재원으로 근무하던 정길이 형은 인도에 대해서 잘 알고 있었다. 그러나

이 형도 모처럼 나온 휴가에서 그간 쌓였던 스트레스를 풀고 싶어 했다. 결

국, 전체 6명 중에 나 혼자만 이질적인 존재였다.

자이살메르Jaisalmer에 도착한 후, 점심을 먹고 숙소에서 무료한 시간을 보냈다.

이때, 몇몇 사람들이 헤나(인도 전통 염료)를 가지고 몸에 그림을 그려 넣는 장난을 시작했다. 물론, 나는 아무런 관심 없다. 나로서는 어색한 시간이었다.

그 후, 이번에는 화투를 꺼내더니 고스톱을 하기 시작한다. '여기까지 와서 이런 것을 왜 하나.'라고 생각했다. 나로서는 피곤한 상황이었다.

그날 밤, 여느 여행이 그렇듯이 숙소 옥상에서 술자리가 벌어졌다. 그런데 이번에는 끼지 못하겠더라. 원래 술 먹는 것을 즐겨 하지 않는 것도 있었지만, 도저히 관심사를 맞출 수가 없었다. 나는 피곤하다는 핑계로 먼저 방으로 돌아온 후 잠들었다.

• • • 다음 날 아침

자이살메르 성에서 떠오르는 해를 바라본 후, 낙타 사파리를 시작했다. 그다지 특별할 것 없는 진행이다.

사막에 도착하자 이제는 다른 사람들과 이야기하는 것도 껄끄러웠다. 그래서 다른 사람들과 떨어진 채, 홀로 모래 언덕 위에 누웠다.

사막 모래 위에 눕는 느낌.
따뜻하고 포근하다.

••• 그리고 그날 밤

저 옆에서 정길이 형이 캠프파이어 한다고 어서 오라고 부른다. 아마도 이게 최후통첩이던 것 같다. 그리고 이때 고집부렸던 것이 치명적이었다. 나는 으레 '누구 한 사람 정도는 데리러 오겠지.'라고 생각했다. 그러면 못 이기는 척 따라갈 생각이었다. 그런데 아무도 오지 않는다. 자기들끼리 웃고 떠들고 재밌게 논다. 식사 시간이 되어도 누구 하나 언질 하지 않는다. 잠잘 시간이 되어도 누구 하나 침낭을 가져다주지 않는다. 나는 사막 한복판에서 완전히 왕따가 되었다.

사막 모래 언덕 위에 누워서 밤하늘을 바라보았다.
밤하늘의 별이 이렇게 선명하게 보인다는 것이 놀랍다.
그러나 바로 옆에서는 다른 사람들이 웃고 떠드는 소리가 들려온다.
혼자 생각에 잠기고 싶었지만, 그럴 수가 없었다.

다른 사람들과 어울리지 못했다는 소외감에, 저 녀석은 뭐냐 하고 무시 받을 것 같은 수치심에, 나를 챙겨 주지 않는 사람들에 대해 섭섭함과 홀로 된 외로움에, 어서 저 사람들이 잠들어서 좀 조용히 해줬으면 하고 바라며, 이럴 바에는 차라리 혼자 오는 것이 좋을 뻔했다고 생각하며, 이러지도 저러지도 못한 채 밤새 괴로워했다.

그렇게 얼마나 시간이 흘렀을까?
깜빡 잠들었다가 눈을 떴다.

'무섭다.'
아무것도 보이지 않는다.
아무것도 들리지 않는다.

쏟아질 듯 촘촘히 떠 있는 별들 아래서,
나는 잠들었다 깨었다를 반복하며,
점점 더 몽롱한 의식 속으로 파묻혀갔다.

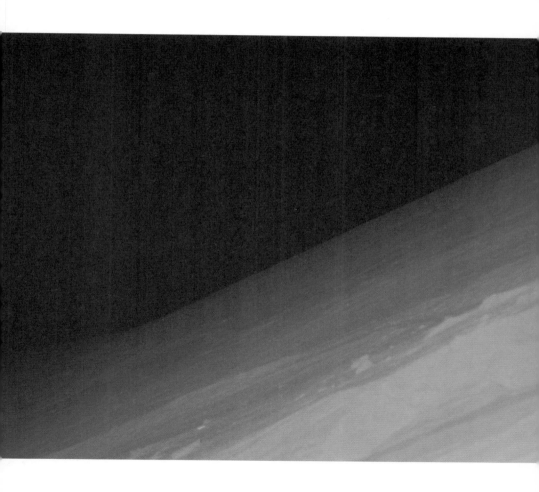

인류 최후의 1인

AD 2317년, 세계에 이상한 바이러스가 퍼져버렸어. 그 누구도 도대체 이 바이러스가 어디서 왔는지는 몰라. 그저 속절없이 사람들이 죽어 나갔지. 그렇게 3개월 정도 흐르자 세상에는 단 한 쌍의 연인만이 남게 되었단다. 그 두 사람은 인류 최후의 커플이 된 거지.

그렇게 그들은 1년을 살았어. 남편은 원래 직업이었던 신문기자 일을 계속했어. 기사를 쓰고, 사진을 찍고, 지금은 오직 자신의 아내만이 읽게 될 신문을 만들었지. 그러면 아내는 남편이 만든 신문을 꼼꼼히 읽고는 스크랩북 안에 소중히 모아 두었어. 이것이 그들의 일상이었지.

물론, 아무도 없는 세상에서 단둘이 살아가는 것은 쉽지 않았어. 그래도 그들은 행복했어. 함께 요리를 하고, 영화 감상을 하고, 가끔은 멀리 여행을 떠나기도 했어. 힘들었지만 사랑하는 사람과 함께할 수 있다는 점에 감사했다.

그런데 그렇게 다시 1년 정도 지난 어느 날, 아내도 바이러스에 감염되고 만거야. 그리고 곧 남편 혼자만 남겨졌지. 이제는 정말로 홀로 남겨진 거지.

스물넷, 인도에서 한국까지 걷다

남편은 꽤 오랫동안 예전처럼 생활했어. 평소 했던 것처럼 기사를 쓰고, 사진을 찍고, 신문을 만들었어. 이제는 누구도 읽어줄 사람이 없었지만, 마치 사랑하던 아내가 여전히 살아있을 때처럼 말이야. 이렇게 시간이 흘러갔지.

그러던 중 평소와 아무런 차이가 없을 것 같았던 어느 날, 남편은 신문기사를 쓰다가 실수로 손에 쥐고 있던 펜을 떨어뜨렸어. 별일 아니었지. 진짜로 별일 아니었어. 그런데 갑자기 이루 말할 수 없을 정도로 눈물이 쏟아지기 시작한 거야. 도저히 감당할 수 없는 공허함과 외로움이 밀려 닥쳤지. 남편은 절규하고, 비명을 지르고, 부스고, 찢고, 불태웠어. 제정신이 아니었던 거야. 분노와 광기와 절망을 통제할 수가 없었어. 어떻게 할 수가 없었던 거지.

그렇게 절망의 나날을 보내던 남편은 결국 스스로 목숨을 끊기로 했어. 그리고 마지막으로 아내가 소중히 보관해왔던 자신의 기사가 담겨있던 스크랩북을 훑어보았어. 그런데 그곳에서 하얀 쪽지를 발견하게 되었지. 아내가 마지막 힘을 짜내어 써내려간.

부탁해요. 살아줘요. 내 몫까지….

왜 사는가?

분명 시작은 '잘살고 싶다'였을 거다.
지루한 것보다는 즐거운 것이 좋으니까,
괴로운 것보다는 행복한 것이 좋으니까.
그러면 어떻게 해야 잘 살 수 있을까?

후유증 없는 마약이 발명되었다고 생각해 보자. 이 마약은 모든 사람들이 마음껏 이용할 수 있을 정도로 충분히 값도 싸고 구하기도 쉽다. 또 무척이나 안전하므로 건강에도 그리 나쁘지 않으며, 중간에 마약을 끊는다고 하더라도 금단증세에 시달릴 일도 없다. 그리고 누구나 이 약을 사용하기만 하면 매 순간순간 더할 나위 없는 행복감에 빠져들 수 있다. 이제 인류는 그리고 나는 정녕 고통/삶/인생/세상에서 구원되었는가?

나는 결코 이 삶을 받아들일 수 없다. 삶에 대한 의미를 찾지 못한 채 즐거움에 빠져 산다는 것은 어리석고 우둔한 일이다. 삶의 의미가 존재하지 않는 행복은 공허할 뿐이다.

그러나 삶의 의미를 찾는 일은 삶의 즐거움을 찾는 것에 못지않게 어려운 작업이다. 삶의 의미를 향해 더듬어 올라가다 보면 어느새 '삶은 실재

하는가.', 혹은 '내가 살아있는 것은 확실한가.'라는 질문에 도달하게 되니 말이다.

나는 살아있는 것이 확실한가?
혹은, 단 한 가지라도 이것만큼은 의심하지 않고 확신할 수 있는 것이 존재하는가?

그러나 여기서 인간은 근원적으로 존재하고 있는 자신의 기구한 운명과 마주하게 된다. '존재에 대한 의문을 던질 수는 있으면서도, 그에 대한 답을 찾아낼 수 있는 능력은 없다.' 만약에 신이 인간을 창조했다면 신은 참으로 짓궂은 존재임이 틀림없다.

이 부조리에 빠진 인간은 처음에는 어떻게든 이 절망에서 벗어나려고 발버둥 친다. 자신의 어렸을 적 즐거웠다고 여겨지는 기억들, 지금 이 늪에서만 벗어나기만 한다면 행복해 질 수 있으리라는 막연한 희망, 누군가 내가 사랑하는 사람이 행여나 손을 내밀어 줄 거라는 간절한 기다림.
그러나 단 한 번이라도 부조리를 맛본 사람은 이내 그 속에서 헤어 나오는 것이 불가능하다는 것을 깨닫게 된다. 그것은 천식과도 같은 거다. 살아있는 족족 느닷없이 나타나서는 일련의 파란을 남기고 소리소문없이 사라져 버린다. 이 발작은 자신의 사유가 멈추지 않는 한, 아니 살아 있는 한 끝나지 않는다. 오랫동안 천식을 앓은 사람들이 그러하듯이, 오래도록 부조리의 늪에서 허우적거린 사람들도 '삶이란 부조리와 함께하는 것'임을 받아들이게 된다.

항상 즐거울 수 있는 삶은 부조리하다.
우습게도 부조리와 부대끼는 삶은 부조리하지 않다. 〈미완...〉

언제인지 모를 오전

사막에서 1박 2일간의 낙타 사파리를 마치고, 나는 서둘러 델리로 돌아왔다. 지난밤 황홀했던 경험은 제쳐 두고서, 나는 이미 확실한 왕따가 되어 있었다. 다른 사람들을 보기가 민망하고 부끄러워 조금이라도 빨리 자이살메르를 떠나고 싶었다.

그런데 델리에 돌아온 그 날, 사단이 나고 말았다. 피곤하다고 느껴서 샤워만 하고 잤는데 그대로 뻗어 버린 것이다. 열은 40도가 넘게 올라가고, 머리는 지끈지끈 아프고, 목은 타들어 갔다. 놀란 정길이 형이 각종 약과 죽을 날라다 주어도 나는 제대로 넘기지 못했다. 그렇게 전혀 움직이지 못하고 6일을 뻗어 있었다.

울렁거림

며칠이나 지났을까? 정길이 형과 다른 주재원분들은 이미 출근했고, 나 혼자 남겨져 있다. 아마 밤 9시까지는 아무도 돌아오지 않으리라. 몸에 있던 기력은 모두 잃어버렸고, 조금만 움직여도 현기증이 일어났다. 아무것도 할 수가 없다. 책을 읽는 것도, 생각을 하는 것도, 다른 사람과 이야기 하는

것도 할 수가 없다. 얼마 전까지 인도 이곳저곳을 여행할 때만 해도 혼자 방
안에서 뒹굴뒹굴하는 것이 소원이었다. 그런데 지금은 참을 수 없는 울렁거
림이 일어나 버틸 수가 없다.

문득 집 생각이 났다.

내가 기억할 수 있는 가장 오래된 기억.
어머니는 마루에서 바느질을 하고 계시고,
나는 어머니 옆에 쪼그려 앉아 무엇인지 모를 장난감을 가지고 꼼지락거
리고 있다.

동네 형들과 밖에서 놀다가 어둑어둑할 때 집에 돌아온다.
부엌에서는 어머니의 신바람 나는 도마 소리가 들린다.
곧 군침 도는 구수한 냄새가 퍼져 나오고
괜히 심심했던 나는 어머니 옆을 맴돌며
오늘 저녁 반찬은 무엇인지 두 번이고 세 번이고 묻는다.
그날 반찬이 무엇이었는지는 지금도 기억나지 않는다.

한 여스님의 이야기

사르나트Sarnath[1]에서

　6일 뒤, 가까스로 몸을 움직일 수 있게 되자 나는 서둘러서 바라나시Varanasi로 떠났다. 정길이 형과 다른 주재원분들은 모두 그 몸으로 어디 가느냐고 말리셨지만, 도저히 가슴속에 있는 울렁거림을 견딜 수가 없었다. 나는 다시 던져졌다.

　바라나시에 들르기 전, 근처 사르나트에 있는 한국 사원을 찾아갔다. 아마 내 몰골을 보시고는 바로 아셨으리라. 그 절에 계시던 한 여스님은 아무 말 없이 나를 받아주셨고, 이것저것 먹을 것을 챙겨주셨다. 나는 그 여스님과 정말로 오랜만에 '대화'라는 것을 할 수 있었다.

1　한국명 녹야원, 부처님이 초전법륜[初轉法輪]을 시행하셨다는 불교의 성지

그분이 꼬마였을 때, 숨바꼭질하다가 하루는 벽장 속에 들어가 숨으셨대요. 그리고 거기서 깜빡 잠이 들고 말았다네요.

왜 그런데 들어가면 아늑하고 푹신한 것이 딱 잠들기 좋잖아요.

그 후, 얼마가 지났을까,

잠에서 깨고 난 후에 갑자기 펑펑 우셨다네요.

자고 일어나 보니 주위는 캄캄하지, 누구 한 사람 인기척은 없지….

우는 소리를 듣고 엄마가 황급히 벽장 속에서 자기를 꺼내 주었지만, 그 잠깐 사이에 느꼈던 외로움은 40년이 지난 지금까지도 잊혀지지가 않는다고 해요….

가족

2010.10.22.

바라나시에서 44시간 동안 기차를 타고 뱅갈로르로 돌아왔다.

모든 것이 뒤죽박죽이다. 일정도 그렇고, 여행도 그렇고, 무엇보다 건강이 말이 아니다. 아침에 일어나서 고작 공원 한 바퀴를 돌았을 뿐인데, 현기증이 나서 쓰러질 것만 같다.

그래도 마음은 무척 편안하다. 푹 자면서 꿈도 마음껏 꾸었다. 밖이 훤하게 트인 창가에 앉아서 마스터 Lee 가족과 함께 아침 식사를 했다. 정말로 지킬만한 가치가 있는 아침 식사이다.

2011.10.21.

아침, 요가난의 결혼식을 위해서 대청소를 했다. 기력은 진실로 쇠해진 듯. 고작 깔짝깔짝 청소했다고 이렇게 현기증이 나서야. 마스터 Lee에게 도움을 드려야 하는데 지금은 완전히 짐이 되고 있다.

2011.10.22.

몸살 기운 때문에 늦게 일어났다. 마스터 Lee 내외는 벌써 나가셨다. 잠결에, 냉장고 안에 있는 것을 마음대로 꺼내 먹으라던 말씀이 기억났다. 따뜻한 밥에, 오징어채 볶음에, 알맞게 익은 싱싱한 김치를 곁들어 먹었다. 후식으로 삶은 고구마를 신 김치와 함께 먹었다. 행복한 식사다.

2011.10.23.

솔직히 믿기지 않는다. 장난기 많고 조금은 뺀질거리는 요가난이 벌써 결혼을 한다니. 물론, 나보다 나이도 3살이나 많고 더 큰 고생도 아픔도 겪었던 요가난이지만 역시 믿기지 않는다. 마스터 Lee께서 뿌린 씨앗, 어떤 결실이 맺힐지 보고 싶다.

2011.10.25.

새벽 2시, 저절로 눈이 떠졌다. 신기하게도 지금껏 막혀 있었던 그리 간절하지 않은 생각들이 마구잡이로 쏟아져 내린다. 글로 옮기기에는 몸에 힘이 없다.

아침 8시 반, 요가난의 신혼집을 정리해 주었다. 같이 도와주기로 한 아쉬와니가 2시간이나 늦게 도착했다. 늦게 온 것에 화를 낼지 아니면 아무렇지도 않게 행동할지 고민했다. 무게 잡고 일부러 불편한 분위기 만들었다.

오후 1시, 집으로 돌아가는 아쉬와니에게 가족들과 함께 먹으라고 오렌지 두 봉지를 사 주었다. 덕분에 신호위반으로 교통경찰에게 잡혔다. 생전 처음으로 벌금 200루피를 냈다. 내가 낸 200루피는 그대로 교통경찰의 호주머니로 들어갔다. 화가 나기보다는 재밌고 신기했다.

4시, 마스터 Lee와 처음으로 '신 중심 세계관'과 '인간 중심 세계관'에 대해서 이야기 나누었다. 삶의 방식, 가치관, 성격, 외모…. 마스터 Lee와 나는 정말 비슷하다. 그러나 마스터 Lee는 신학을 공부했고, 나는 인본주의 철학을 공부했다. 역시 출발점이 달랐다.

6시, 마스터 Lee가 내 본고장인 첸나이로 갈 예정이라고, 차에 태워 줄 테니 함께 가겠느냐고 물었다. 그저 쉬고 싶었고, 또 이번 여행의 주인공인 대호, 명호 입장에서라면 첸나이 보다는 놀이동산이 더 나아 보였다. 그래서 거절했다.

그러나 잠시 뒤, 마스터 Lee의 동생분 내외도 여행에 참여하게 되었다. 그러면서 다시 첸나이로 가는 것으로 계획이 급히 수정되었다. 나는 서둘러 첸나이에 계신 지인들께 전화를 넣었고, 숙소와 일정을 조정했다. 나도 이제 이 정도의 일 처리는 능숙하게 처리하는 듯.

8시, 오늘 마스터 Lee 댁으로 오기로 한 자매를 마중하러 공항으로 갔다. 마스터 Lee 댁에서 뱅갈로르 공항까지 차로 약 40분 정도 걸렸다. 차 안에서 마스터 Lee 동생분의 삶 이야기를 들을 수 있었다. 마치, 가족 여행을 하고 있다는 느낌이 들었다. 돌고 돌다, 때때로 막 나가기도 했고, 그러다가 이제 제자리를 찾고 정착하려는 가족의 모습. 왠지 모르게 가슴이 저민다.

10시, 솔직히 기대되고 설레었다. 내 또래의 가냘픈 여자애가 온다고 한다. 처음 공항에서 나올 때 반갑게 맞아주고 싶어서 화장실에 가는 것도 꾹꾹 참았다. 그런데 역시 인생이란.

12시, 이렇게 끝날 줄 알았던 하루.
참을 수 없는 감정이 밀려들었다.

이유는 모르겠다.

'가족'
어머니 생각이 많이 났다.
헌신적이었으며, 고생도 많이 하셨고, 때때로 신경질적이기도 했던.

……
……

내가 진정으로 바래왔던 것은, 연인이 아니라 가족이었던 것인가?
그토록 사랑하고 사랑받고 싶었는데….
정녕 그리웠던 것은, 웃음 가득한 가족이었던가?

술 배가 가득하게 차오르고, 다리를 질질 끄는 아버지.
다리가 탱탱 부어오른 채 좀 주물러달라고 신경질 내던 어머니.
목이 쉬어 걸걸거리는 누나.
안으로 움츠러들고 위축돼버린 동생.
〈바보같이〉 이제 행복해질 일만 남았는데….

우는 것을 참을 수도 있었다.
그러나 오늘은 그렇게 하지 않았다.

이야기

삶이 나를 겸허하게 하고
눈물이 나를 진실하게 한다

2011.10.27.
IIT로 돌아왔다. 눈물이 울컥 쏟아질 것 같은 마음을 안고….

12시, 가슴이 진정되지 않아 IIT 캠퍼스 이곳저곳을 돌아다녔다.

2시, 기왕 IIT로 돌아온 김에 학과 사무실로 성적 확인을 하러 갔다. 그런데 제대로 처리되지 않은 상태다. 서둘러 담당 교수님을 만나러 갔다.

2시 반, 정말로 운 좋게도 막 연구실을 나가시던 교수님과 조우했다. 교수님께 상황 설명을 해드리니 흔쾌히 OK 하신다. 이 인도에서 이렇게 빠른 일 처리가 되다니 놀랍다. 그 후, 갖가지 일들을 처리했다. 기차표를 예약하고, 은행 계좌를 정리하고, 엽서를 마저 보냈다.

6시, 학과 랩에서 우연히 A와 나란히 앉았다. 이제는 정말로 아무렇지도 않게 말했다.

"Long time no see…."

정말 차갑다. 역시 나는 잘못된 선택을 한 듯.

7시, IIT 친구들과 저녁을 같이 먹었다. 인도 중산층을 조사하던 동생한테, 내가 여행하면서 보고 들었던 것을 말해주었다.

10시, 비 많이 온다.

11시, 장우와 한 시간 넘게 걸었다.

2011.10.28.

아침 7시, 일어나서 한 시간 정도 운동을 했다. 살 것 같다.

8시, 돌아가는 길에 L하고 마주쳤다. L은 마치 못 본 것처럼 지나간다. 뭐, 이것으로 잘 된 것인지도.

10시, 어제 문제가 생겼던 성적 처리를 말끔하게 처리했다.

12시, 방에서 휴식을 취했다.

2시, 학적 관련 서류들을 정리했다.

4시, 다소 침울해 있는 후배를 불러내어 이런저런 이야기를 했다. 기분전환을 시켜주고 싶어서 잠시 마리나 비치에 다녀왔다.

8시, 샤무감, 샤티쉬와 함께 저녁을 먹었다.

'샤무감, 네가 반드시 성공할 거라는 거 알아. 그러니 부디 네가 고생했던 시절들을 잊지 말아 주길.'

밤 12시, 혼자 자전거를 타고 IIT 안을 돌아다녔다. 정말로 멋진 일이다.

2011.10.29.

아침 7시, 어제와 똑같이 운동을 하고 아침을 먹었다.

8시, 피곤해서 조금 잠들었다. 그리고 무언가 터져 나왔다. 모르겠다. 어떻게 된 건지. 이때 일들은 나도 어떻게 표현해야 할지 모르겠다. 정리가 안 된다. 그저, 내가 생각지도 못한 시기에 생각지도 못한 방식으로 내 IIT 생활이 정리되었다. IIT에서 인연이 닿았 모든 친구와 만날 수 있었고, 자연스레 이제 이곳으로 돌아올 필요가 없어졌다.

IIT!! 내 인생에서 처음으로 느껴보았던 보금자리!!
이렇게 모두가 모여서, 먹고, 놀고, 이야기했던 너무도 감사했던 시간.
이제 떠나는구나.

그리고 이제 마음속으로는 가장 마지막이라고 여겨지는 일을 생각했다.

· · · 이야기

　– IIT에서 내가 가장 좋아하는 길을,
　　좋아하는 시간에, 좋아하는 사람과 함께 걸으며

밤 10시 반, ANU에게 전화했다. 다행히 받는다.
11시, 자전거를 타고 중앙도서관에 도착했다. ANU 기다리고 있다.

ANU, 자기의 새 남자친구에 관해 이야기한다. 왜 아킬하고 헤어졌는지. 왜 다음 남자 친구하고 또 헤어졌는지. 그리고 지금 연하남하고 어떻게 연인이 되었는지. 등등.

사실 별 들어줄 마음은 없었다. 덕분에 아무 사심 없이,

"만약에, 너와 아킬이 모두 내 친구가 아니고, 그리고 너와 아킬이 서로에게 어울리는 연인이 아니었다면, 나는 너를 좋아했을 거야."

ANU 놀란다.

"오! 종, 날 좋아했던 거니?"

역시 난 아무렇지도 않게.

"아니, 아니, 만약에…."

신기했다. 오늘따라 어색했던 영어가 너무도 능숙하게 나온다. 발음도 무척 좋다.

……

……

그 이후 대화는 잘 기억나지 않는다. 다만, 무언가를 확인했던 것은 기억난다.

"ANU, 너는 오늘 한 가지에 대해서만 질문할 수 있어. 하나는 내 가족에 대한 거고, 하나는 내 연애에 대한 거야. 어떤 것을 듣고 싶니?"

ANU 전혀 망설이지도 않고, '연애'라고 이야기한다. 하긴 사랑에 관심이 많은 인도 소녀이니.

……

……

"우리 집은 그다지 좋지 않아"

ANU 화들짝 놀란다.

"왜???"

"아니, 아니, 너는 거기에 대해서는 물어볼 수 없어"
나는 아무렇지도 않게 계속했다.

"그 당시 나는 무엇이 사랑이고, 무엇이 동정인지 구분할 수 없었어. 뭐, 뭐든 상관없었을 거야. 다른 사람에게 보살핌 받는 느낌은 정말로 따뜻했으니."

"그리고 한 사람을 좋아하게 되었어. 비록 내 주머니에는 단돈 500원이 없었지만, 그래서 그 사람에게 장미꽃 한 송이 사줄 수 없었지만, 그래도 행복했어."

"그런데 한 달 정도 시간이 흘렀을 때 사소한 다툼이 생겼어. 지금 돌이켜 보면 정말로 별것 아닌 일이었는데…."

"그런데 그때의 나는 이럴 때 어떻게 행동해야 하는지 알지 못했어. 그래서 그 사람이 나와 거리를 두려 했을 때, 그저 내가 살아온 방식대로 반응하고 말았어."

"불행하게도 나는, 내 감정을 솔직하게 표현하는 방법을 알지 못했어. 내 감정을 꺼내놓았던 경험이 거의 없었으니까."
"불행하게도 나는, 다른 사람을 부드럽게 사랑하는 방법을 알지 못했어. 사랑받아보았던 경험이 거의 없었으니까."

"그런데 운이 좋게도 나는, 다른 사람에게 상처 주는 방법은 정말로 잘 알고 있었지. 그런 경험은 넘쳐날 정도로 많았으니까."
"운이 좋게도 나는, 똑똑한 사람이었지. 상대방이 무엇에 가장 가슴 아파할지를 정도는 잘 알고 있는…."

......

......

"결국, 나는 그 사람에게 상처 주었고, 그 사람이 떠나려고 할 때 잡지 못했어."

......

......

"그 후에, 나는 서울대에 입학했어. 행복했어. 이제는 돈을 벌 수 있었거든. 혼자 힘으로도 살아갈 수 있게 된 거야. 물론, 공부도 원하는 만큼 할 수 있었고. 무엇보다, 내가 열심히만 한다면 무엇이든 할 수 있는 기회가 있었지."

......

......

"그런데 놀랍게도 모든 게 공허한 거야. 갑자기 나사가 풀려버린 느낌이었어. 도대체 이유를 알 수가 없었지. 그리고 점차 폐인처럼 지내기 시작했어."

"그래서 군대에 가기로 했어. 나는 시간이 필요했고, 어차피 군대는 가야 했으니."

"군대에서의 생활은 무척 힘들었어. 내일이 기다려지지 않는 삶. 하루하루 별다를 것 없이 반복되는 일상. 지겹고 힘든 군 생활 동안에 매일 밤 초병 근무를 나갔어. 2년 동안 아무도 오지 않는 탄약고 초소에서 그저 풀벌레 소리에 귀 기울이며 나 자신을 되돌아보았어. 토나올 정도로 넘쳐나는 시간 동안에 내가 기억할 수 있는 가장 어린 시절부터 지금까지의 기억들을 하나하나 끄집어내 보았지."

......

......

"그리고 그 사람이 내게 얼마나 소중한 사람이었는지, 내가 그 사람에게 어떤 짓을 저질렀는지 깨닫게 되었다."

ANU는 위로하려고 그랬는지 내 등에 손에 올렸다.

"종, 너무 상심해 하지 마. 그런 일은 있을 수 있어. 그리고 다른 사람을 찾을 수 있을 거야"

"내 몸에 손대지 마!!"

......

......

......

......

"7년이 걸렸어. 다른 사람을 사랑하게 될 때까지. 그래, 내 두 번째 사랑 이야기야…."

그 사람의 요청으로 기록하지 않습니다.
그저 그 사람에게 감사하다는 말 남깁니다.

나는 당신을 사랑하고 있었습니다.
사랑은 아직 내 영혼 속에 지워지지 않으리라
그러나 그 사랑이 이제는 당신을 힘들게 하지도 않으리라
어떻게든 나는 당신을 슬프게 하고 싶지 않았습니다.

나는 당신을 사랑하고 있었습니다.
아무 말 없이, 희망도 없이,
때론 질투에 몸서리치며,
때론 두려움에 괴로워하며,
나는 당신을 부드럽고 성실하게 사랑하고 있었습니다.

부디 다른 사람에게서
저와 같은 사랑 받게 되길 빕니다.

– 푸쉬킨(Pushkin)

......
......
......

"그 사람은 나를 끝끝내 선택하지 않았어. 그리고 나는 인도에 오게 되었지."

시간은 벌써 밤12시에 다가가고 있었다. ANU는 나를 위로하기 위해서 몇 가지 이야기를 건넸다. 그러나 제정신이 아니던 내게 그 이야기들은 그저 의미 없게 들렸다.

그런데 갑자기,

"종, 매일 밤 기도하렴. 그러면 여행이 끝나기 전에 너의 사람 right person 을 찾을 수 있을 거야."

"나의 사람 right person?, 그 사람이 내가 평생 동안 헌신해야 할 사람이야?"

"물론."

"정말로?"

"응."

"내가 어떻게 알아볼 수 있지?"

"그 사람을 만나게 되면 무언가 다른 느낌을 받게 될 거야. 그리고 너무 걱정하지 마. 너가 알아보지 못하더라도 그 사람이 너를 알아볼 테니."

......

......

......

"종, 언제 또 볼 수 있을까?"

"모르지."

"아무튼, 또 보자."

"그래."

그 이후, 나는 ANU를 보내고 혼자 묵묵히 걸었다.

방에 돌아오니 밤 12시 40분이었다.

5살 꼬마에게

Q : 그림을 그려보지 않을래?
A : 네~~

13살 소년에게

Q : 그림을 그려보지 않을래?
A : 어떤 걸 그려야 하나요?

20살 청년에게

Q : 그림을 그려보지 않을래?
A : 제가 왜 그래야 하죠?

4장

인도에서
한국까지
(집으로 돌아가는 길)

나는 여기저기 가리지 않고, 밀림, 산 계곡 등을 정처 없이 떠돌았어.
그리고 모든 종류의 '목표'라는 것을 떨쳐 버렸다. '다음'을 묻지 않게 된 것이지.
자, 이것이 내가 지금까지 살아온 이야기야.
네가 알아야 할 것은 이게 전부인 것 같구나.

– 깨달음을 얻은 호랑이 中에서, R.K.나라얀

인도
INDIA

방글라데시

나의 꼬마 선생님

샤메

　방글라데시에 처음 도착했을 때, 나는 해피 happi 라는 방글라데시 아저씨 집에서 지냈다. 그 집에는 정말로 사랑스러운 세 살배기 꼬마 아이가 있었는데, 그 아이의 이름은 '샤메'였다.

　샤메는 아버지, 어머니, 그리고 두 할머니의 사랑과 귀여움을 듬뿍듬뿍 받고 자란 아이다. 송아지 같은 커다란 눈망울을 안고서, 기쁠 때는 폴짝폴짝 뛰고, 싫을 때는 볼살을 뾰로롱 부풀린다. 이런 샤메를 보고 있으면 너무도 귀여워서 양팔로 꼭 껴안고 싶어진다.

　샤메 하고는 공을 주고받기도 하고, 자전거를 밀어주기도 하며 함께 놀았다. 이 녀석, 낯선 이국의 아저씨가 놀아주니 무척 좋아한다.

　세 살배기 꼬마 샤메는 나한테 방글라(Bangla, 방글라데시 언어)로 자꾸자꾸 이야기했다. 물론, 나는 샤메의 말을 알아들을 수가 없었다. 그런데, 샤메는 자기가 방글라로 이야기하면 내가 그 말을 이해할 수 없다는 것을 모르는가 보다. 나한테 뭐라고 뭐라고 이야기하다가, 내가 제대로 반응해주지 못하자 삼촌이 놀아주지 않는다고 토라져 버렸다. 나는 하는 수 없이 샤메의 아빠인 해피에게 '삼촌은 방글라 말을 알지 못해'라고 통역을 부탁했다.

그런데 잠시 후 샤메가 내게로 다가왔다.

"아마 남 샤메(내 이름은 샤메입니다.)."
???
???
"아마 남 샤메."
고 녀석 내게 방글라를 가르치려고….

••• 행복할 수 있는 이유

그렇게 며칠을 샤메와 함께 지냈다.
함께 지내다 보니 샤메는 참으로 행복한 것 같다.

기쁠 때는 마음껏 웃고,
싫을 때는 신나게 투정부리고
그래도 안 되면 제 아빠한테 달려가서 어리광부리고
그래도 안 되면 뾰로통해져서 혼자 토라져 버린다.
그러다가 엄마가 달래주면 언제 그랬냐는 듯이 다시 해맑은 웃음꽃이 피어오르고….

그렇구나. 너는 네 마음속에 있는 감정 그대로에 충실하기 때문에 행복한 거구나. 즐거울 때 웃고, 화날 때 화내고, 슬플 때는 펑펑 울 수 있기 때문에 행복한 거구나.

그래, 알고 있어. 나는 이제 그렇게 할 수도 없고, 그래서도 안 된다는 걸. 물론, 조금은 아쉽지만, 그래도 그렇게 많이는 슬프지 않단다.

어머니

59세의 나이에 방글라데시로 오셨다는 어머니.

다카 근교의 슬럼들을 돌아보니 집집마다 어른들은 없고 아이들만 덩그 러니 있었다고 한다. 부모님들이 모두 막노동을 나가야 해서 집안에 아이들 만 방치되어 있었던 것이다. 어머니께서는 이 아이들이 몹시 가슴에 걸리셨 다고 한다. 그래서 부모 없이 방치되어 있는 아이들을 돌보는 호스텔 사역 을 시작하셨다.

처음에는 갖은 고생을 다 하셨을 터다. 나이도 있으신 분이, 형편도 그리 여유롭지 않았는데, 언어도 안 통하고, 사는 환경도 열악 하기 그지없는 방 글라데시에서, 길거리의 아이들을 한 명, 한 명 키우셨을 생각을 하면….

그렇게 15년이 흘렀다.

처음 단칸방 비스무리했던 호스텔은, 지금은 아이들 60여 명이 공부하고 있는 어엿한 학교가 되었다. 그리고 예전 말 안 듣고 철없던 아이들은, 이제 는 어디 내놓아도 남부럽지 않은 듬직한 아들/딸들이 되었다.

나는 굳이 내가 목격했던 장면들을 장황하게 늘어놓고 싶지 않다.

오로지 마음으로 보아야 잘 보인다는 거야. 중요한 건 눈에 보이지 않는단다.

– 어린 왕자 中에서, 여우가…

소액 대출로 빈곤을 퇴치한다

그라민은행Grameen Bank 인턴 체험기

모하메드 씨는 사이클릭샤(인력거) 운전사다. 그는 사이클릭샤를 운전해서 하루 200다카 (1다카는 우리 돈 약 15원)를 번다. 그중에서 100 다카는 사이클릭샤 주인에게 주어야 하고, 나머지 100 다카만 자기 몫이다. 물론, 이 돈으로 하루 3끼 입에 풀칠하고 나면 남는 것이 없다.

그런데 충격적인 점은 사이클릭샤 가격이 고작 2만 다카(약 30만 원)에 불과하다는 점이다. 즉, 누군가 2만 다카만 그에게 빌려주면, 그는 사이클릭샤 주인에게 100 다카씩 상납하는 대신에 하루에 100 다카씩 저축할 수 있다. 그리고 그렇게 딱 200일만 저축하면 그는 자신의 사이클릭샤를 구입할 수 있다.

그러나 어느 은행도 모하메드 씨에게는 돈을 빌려 주지 않았다. 은행들은 모하메드 씨는 가난하기 때문에 담보가 필요하다고 말했다. 그러나 가난한 사람들에게 담보가 있을 리 만무했다. 결국, 모하메드씨는 단돈 2만 다카를 빌릴 수가 없어서 빈곤의 악순환에서 벗어날 수 없었다.

–무하마드 유누스, 〈가난한 사람들을 위한 은행가〉 (필자가 재구성)

미국 밴더밸트 대학에서 박사학위를 받은 무하마드 유누스 박사는, 조국 방글라데시로 돌아와 치타공대학에서 경제학을 가르치고 있었다. 그런데 하루는 강의실에서 경제학을 가르치고 있는 일에 심한 회의감이 들었다.

나는 강단에서 학생들에게 모든 문제에 해답을 제공하는 경제학 이론을 가르치면서 보였던 그 열성을 기억한다. 나는 이론이 가진 아름다움이며 조화에 감탄하곤 했다. 그리고선 이 모든 이론에 환멸을 느끼지 않을 수 없었다.

'길바닥에선 사람들이 굶어 죽고 있는데, 도대체 경제학 이론이 무슨 소용이란 말인가?'

– 가난한 사람을 위한 은행가

그래서 그는 지도학생들을 동원해 치타공대학 인근에 있던 농촌 마을들을 조사해 보았다. 그리고 기가 찰만한 놀라운 사실을 확인한다.

다음 날 나는 정보를 모아 내게 알려 주곤 하는 여학생 마이무나를 불러, 조브라 마을에서 수피아처럼 고리대금업자에게 돈을 빌리는 바람에 죽도록 일을 하고도 돈을 모으지 못하는 사람들이 얼마나 되는지 알아보도록 하였다.

일주일 후, 마이무나가 조사한 결과를 가져왔다. 모두 42명이었는데, 이들이 빌린 돈을 모두 합해 보니 856다카, 미화로는 27달러에 해당하는 금액이었다.

"원, 세상에. 겨우 27달러 때문에 42가구나 되는 사람들이 이런 비참한 지경에서 살고 있단 말이지!"

– 가난한 사람들을 위한 은행가

1976년, 이 마을(조브라) 42가구에 27달러를 빌려주는 것으로 그라민은행은 시작되었다. 그라민은행은 마을 사람들에게, 각자 5명씩 짝을 지어서 한 그룹을 구성해 달라고 요청했다. 그리고 그렇게 짝지어진 각 그룹에서 모든 사람들이 동의할 때에만 돈을 빌려 주었다. 은행이 마을 주민들의 신용상태를 일일이 파악할 수는 없었으나, 같은 마을 사람들은 서로서로 누가 신용이 좋고 나쁜지를 훤히 꿰뚫고 있었다. 따라서 신용이 나쁜 사람은 다른 사람들과 그룹을 구성할 수 없었다. 이 방법을 통해 그라민은행은 가난한 사람들에게 '담보' 없이도 돈을 빌려줄 수 있었다.

그 이후로 30여 년이 흘렀다. 현재(2009년) 그라민은행은 방글라데시 전체에서 2,544개 지점을 운영 중이다. 전체 대출자는 약 780만 명에 이르며, 총 79억 달러 이상의 돈을 대출해 주고 있다. 그라민은행 회원 중에 상당수가 절대 빈곤에서 탈출했으며, 놀랍게도 대출금 회수율은 98%에 육박한다. 이 공로로 그라민은행은 2006년 노벨 평화상을 수상했다.

이 글은 약 2주 동안(2011.12.05. ~ 2011. 12.15) 방글라데시 그라민은행에서 인턴 활동을 하며 보고 듣고 관찰했던 기록이다. 그라민은행에서는 은행 홍보를 위해서 전 세계 대학생들을 대상으로 학생 인턴십 프로그램을 운영하고 있다. 누구든지 간단한 지원서와 30$만 내면 최장 한 달까지 그라민은행에서 인턴으로 활동할 수 있다.

••• 첫날, 그라민은행 본사[1]

정말로 잔뜩 기대했었다. 2
년 동안이나 이곳에 오고 싶어
서 얼마나 준비해왔던가. 한국
에 있을 때 그라민은행과 관련
된 책들은 모두 읽었고, 인도
에서도 그라민은행에 가는 날
을 손꼽아 기다렸었다.

그러나 솔직히 말하면 완전히 실망이었다. 햇병아리인 내가 보기에도 그
라민은행 본사는 관료주의에 제대로 쩔어 있었다. 9시가 정식 출근 시간임
에도 직원들은 9시 반 정도에야 어슬렁어슬렁 들어왔다. 직원들은 그 후에
도 밍기적거리다 10시나 되어서야 업무를 보기 시작했는데, 신기하게도 점
심 먹으러 갈 때는 12시 칼이다. 그리고는 2시쯤 들어와서 또 밍기적밍기적.
그리고 5시 반이면 여지없이 칼퇴근(?)이다. 물론, 추가 근무도 없고 주말
근무도 없다. 정말 이 사람들은 가난한 사람들을 위해서 일하는 것 맞나?

나는 내 학생 인턴 신분을 내세우면서 그라민은행의 본사 직원분들과 나
름대로 자유롭게 이야기할 수 있었다. 그리고 그때마다 그분들에게 그라민
은행에 처음 지원하게 된 동기는 무엇인지, 그리고 앞으로 어떤 목표를 갖
고 있는지를 끈질기게 물어보았다. 그런데 그분들의 대답은 한결같았다.

'그라민은행에 지원한 이유는 안정적인 직장에서 의미 있는 일을 할 수 있
기 때문이다.'
'앞으로의 계획은 더 높은 자리로 승진하는 것이다.'

---

1 이 글의 목적이 결코 그라민은행을 폄하하려는 것이 아님을 밝힌다. 아울러 이 글이 100% 옳다고 확
신하지 않는다는 점도 언급한다. 만약, 문제가 되는 부분이 있다면 마음 편히 지적해 주기를 바란다. 그
래서 보다 나은 빈곤 퇴치의 모델을 함께 찾아갔으면 한다.

특히 한 시니어 매니저 Senior Manager 아저씨와의 대화가 기억에 남는다.

"아저씨, 그라민은행 본사에서 일하시면서 뭐가 제일 좋으세요?"

순간 빵 터졌다. 웃음 작렬.
"하하하. 크크크. 키키키. 그게. 키키. 내가 예전에 크크. 농촌 현장에서
일할 때는, 푸…. 푸푸……. 덥고…. 히히…. 짜증 나고…. 그러니까 여기에
서 일하니까. 풉풉. 스트레스가 하나도 없어…. 하하하."

그 아저씨는 정말 행복해 보였다.

••• 일주일 후, 첫 농촌 현장 답사

그라민은행 본사에서 1주일을 밍기적거렸다. 이제야 드디어 현장에 간다.
처음 간 지역은 다카에서 1시간 정도 거리에 있는 교외 농촌 지역이었다. 약
10여 명의 학생들을 통역 겸 안내자 한 명이 가이드 했는데, 당일치기 방문
이라서 그런지 심도 있는 필드워크보다는 꼭 초등학교 현장학습 같은 느낌
이었다. 나는 애가 탔다. 그라민은행의 소액대출 프로그램에 대해서 정말로
확인하고 싶었던 '문제의식'이 있었기 때문이다.

암마잔 아미나는 1977년에 처음으로 그라민은행과 인연을 맺은 이래 죽을 때까지
은행으로부터 융자를 받았다. 그녀는 융자를 받아 대나무 바구니를 만들었다. 그
리고 조금 여유가 생기자 암송아지 한 마리를 샀다. 그 후 송아지가 자라 새끼 한
마리를 낳았고, 그녀는 우유를 받아서 내다 팔아 이익도 내고 또 원금을 갚을 수
있었다. 성장한 암마잔의 딸도 지금은 그라민은행의 회원이다. -중략 - 우리는
오늘날 이와 유사한 이야기를 200만 가지도 더 들려줄 수 있다.

- 가난한 사람들을 위한 은행가

　정말로 감동적인 이야기이다. 나 역시 이 글에 홀딱 반해 방글라데시까지 끌려오지 않았던가? 그러나 풋내기 경제학도인 내가 보기에도 미심쩍은 부분이 있었다.

　100가구가 사는 한 시골 마을을 상정해 보자. 첫 사람이 그라민은행에서 돈을 빌려서 바구니를 만들어 팔았다. 그리고 돈을 벌었다. 물론, 가능한 이야기다. 그런데 여기는 시골 마을이다. 시골에서는 서로 옆집 숟가락 개수까지 안다. 행여, 마을에서 누가 바구니를 팔아서 돈을 벌었다고 하면 온 동네가 모두 알 것이다. 그러면 당연히 개나 소나 다 따라 할 거다. 그런데 바구니를 만들어 파는 사람이 2명, 3명, 10명까지 늘었을 때도 바구니를 팔아서 수익을 낼 수 있을까? 공급이 증가하면 가격이 하락한다는 것은 경제학의 기초 중의 기초인데….

자연히 내 조사의 초점은,

'마을 사람들은 돈을 빌려서 무슨 일을 시작했는가?',

'그리고 그 일은 어떻게 해서 결정했는가?'로 집중되었다.

••• 그라민은행의 활동 확인

그라민은행은 일주일에 한 번씩 돈을 수금한다. 한국 재래시장의 일수 시스템과 비슷한데, 매주 마을회관(내가 보기엔 헛간) 같은 곳에 모든 대출자들을 모아놓고는 그라민은행 직원이 직접 수금을 하러 온다. 우리가 방문했을 때, 약 30여 명의 아줌마들이 좁은 마을회관에서 땀을 뻘뻘 흘리며 그라민은행 직원을 기다리고 있었다. 그리고 이런 일에는 무척 익숙한지 이미 자기들끼리 알아서 돈을 다 모아놓았다고 한다. 막상 그라민은행 직원이 이 마을에서 했던 일은 모아놓은 돈과 수금해야 할 돈이 맞는지 지폐수를 세는 것뿐이었다.

〈수금 시스템〉

예시 : 1000 다카를 연 10% 이자로 1년 후 상환.

1년 약 52주, 휴일이 섞인 주를 빼고 44주로 계산한다.

매주 한번씩, 22 다카(원금/installment) × 44 = 968

3 다카 (이자)   × 44 = 132

계　968 + 132 = 1100

따라서 매주, 22 다카(원금) + 3 다카(이자) = 총 25다카를 갚게 된다.

수금이 끝난 후에 몇몇 가정집을 방문할 수 있었는데, 그중에서 유독 한 아주머니가 눈에 띄었다. 그 아주머니는 자기가 이제는 잘살게 되었다고 자랑하고 싶어서 난리다. 자진해서 자기 집으로 초대하고는 굳이 원하지 않았

음에도 자기 소유인 슈퍼와 옷가게를 보여준다. 더군다나 처음 보는 외국 학생들에게 1.5L 음료수를 두 병이나 대접했다. 방글라데시에서는 성인 남자의 하루 일당 값이다. 그러면서 말끝마다 이 모든 일이 모두 그라민은행 덕분이라고 말한다. 나는 이 아줌마한테 휘둘리지 않으려고 통역 아저씨를 닦달했다.

"아저씨, 그 아줌마한테 말고 이 아줌마한테 좀 물어봐 줘요."
"뭐라고?"
"아니, 그 아줌마 말고 이 아줌마한테요."
"왜?"
"그냥 그 아줌마 말고 이 아줌마한테 뭐했냐고 물어봐 주세요."

(서로 방글라로 이야기 중) "슈퍼래."

"아저씨 이번엔 이 아줌마요."
(서로 방글라로 이야기 중) "방 렌트 rent ."

(이하, 슈퍼/방 렌트/방 렌트/슈퍼/방 렌트…)
아마 통역 아저씨는 나 때문에 엄청나게 짜증 났으리라.

숨 가쁜 하루 일정을 끝내고 숙소로 돌아오면서 곰곰히 생각에 잠겼다. 이 마을 아줌마들은 주로 슈퍼와 방 렌트 사업을 하고 있었다. 그리고 예상했던 대로 이러한 사업을 시작한 이유는 단순히 '옆집에서 하니까'였다.
그런데 이상하다. 분명 공급이 늘어나면 어느 순간에는 초과공급에 도달했을 텐데, 거의 모든 마을 아주머니들이 슈퍼/방 렌트 사업으로 돈을 벌었다. 도대체 어떻게 된 건지….

한 가지 가설 이 마을에 그라민은행이 처음 들어온 것은 1998년이다. 그때까지는 제대로 된 상점도 없던 가난한 마을이었다고 한다. 그런데 한 10여 년 전부터 다카 시내에서 건축 붐이 불기 시작했다. 방글라데시의 경제가 성장하고, 외국계 기업들도 들어오기 시작하자 건물 수요가 폭발했기 때문이다. 따라서 건물 짓는데 사용될 벽돌이 필요했고, 다카 인근 농촌 지역에 이를 공급할 벽돌공장들이 한 둘씩 자리 잡았다. 그리고 이 마을도 그런 마을 중의 하나였다.

마을에 벽돌 공장이 들어서자, 이내 더 먼 시골 지역에 있던 사람들이 이 마을로 일자리를 찾아 몰려들었다(벽돌 공장 일은 중노동이라 하루 350 다카나 받을 수 있다고 한다. 농촌에서 성인 남자의 하루 일당은 150다카 정도다. 1다카는 약 15원). 자연히 이렇게 몰려든 노동자들이 먹고 자고 할 공간들이 필요했다. 그래서 슈퍼/방은 만들기만 하면 돈이 되었다.

재미있는 점은 마을 사람들 누구도 이러한 생각들을 하지 않았다는 것이다. 마을사람들은 그저 자신들이 잘살게 된 것은 모두 그라민은행 덕분이라고 말했다. 그리고 이를 무척이나 고마워하고 있었다.

– 이후, 다카에서 차로 7시간 정도 떨어진 원교 농촌에서 4일 동안 필드워크를 진행했습니다. 그러나 Broken Group(그라민은행에서 탈퇴한 회원이 존재하는 그룹)의 존재를 확인한 것 이외에는 별다른 성과를 올리지 못했습니다.

Manulife Centre ↰

Rendezvous Hotel 🅿
Strand Hotel
Bencoolen House
Hotel 81 🅿
Hotel Bencoolen 🅿
Bayview Hotel

Why they are poor?

재화의 이동과 사람(노동)의 이동

3일 동안 싱가포르 이곳저곳을 돌아다녔다.

싱가포르!!!
정말로 잘 사는 나라이다. 잘 짜인 도시. 체계가 잡힌 사회 시스템.

이곳에서는 오토릭샤나 자동차에 치일 걱정도 없고, 30초마다 한 번씩 물건을 사라고 달려드는 시정잡배에 시달릴 필요도 없고, 외국인만 눈에 띄면 돈 달라고 달려드는 거지들도 없고, 그래서 이런 사람들을 어떻게 대처해야 하나 고민할 이유도 없다.

귀 찢어질 정도로 시끄러운 자동차 크락션 소리도 없고, 코끝을 찌르는 악취도, 길거리에 거치적거리는 소똥도 쓰레기도 없고, 개에 물릴 염려도 소뿔에 치일 염려도 없고, 그저 마음 편하게 주변을 둘러볼 수 있다.

그런데 역시 뭔가 이상하다.

버스 운전석 (왼쪽 인도 / 오른쪽 싱가포르)

무언가 심하게 잘못되어 있다.

인도 첸나이에서는 한 달에 4,000루피(약 8만 원)를 버는 버스기사 아저씨가 한 병에 15루피짜리(300원) 킨리 생수를 사서 마신다. 물론, 평소에는 공짜 수돗물을 마시다가 가끔 페트병이 필요할 때에야 생수를 사지만.

싱가포르에서는 한 달에 300만 원을 버는 버스기사 아저씨가 한 병에 1,000원 하는 아이스 생수를 사서 마신다. 물론, 수많은 종류의 음료수 중에서 종종 생수를 고르는 것이겠지만.

어떻게, 물가의 차이는 2~3배밖에 나지 않는데, 임금의 차이는 20~30배씩이나 나는 것인가?
납득이 되지 않는다.

추측 바야흐로 세계화 시대다. 지구 상에서 재화의 이동은 무척 자유로워졌고, 그 결과 재화의 가격은 아무리 차이가 난다고 하더라도 나라별로 3~4배를 넘지 않는다. 이 차이는 운송비용, 세관, 중간 유통상 마진 정도에서 비롯된 것이다.

그러나 사람(노동)의 이동은 다르다. 사람의 이동은(여러 가지 이유로) 제한
되어 있다. 또한, 현실적으로 어렵기도 하다. 예컨대, 싱가포르는 매년 정해
진 숫자 이상의 이주노동자는 받지 않는다(조심스러운 부분이라 그 이유에 대해
서는 여기서 서술하지 않는다.).

결국, 인도에서는 한 달에 10만 원만 받고서도 일하려는 사람들이 바글바
글하지만, 이런 인도 아저씨들 중에서 극히 일부만이 싱가포르에 가서 일할
수 있다. 만약, 인도의 아저씨가 싱가포르에 갈 수 있다면, 그 아저씨는 인
도에 있을 때와 같은 일을 하더라도 기존의 20배~30배에 달하는 임금을 받
을 수 있다.
오늘날의 자유무역(재화 + 자본)에서 '사람(노동)의 이동'은 제외되어 있다.

공식과 비공식의 세계

메솟Maesot 미얀마/버마 난민캠프

미얀마/버마의 표기 방법에 대해서는 사실 여러 논란이 있습니다. 현재 세계적으로 사용되고 있는 정식 국호는 '미얀마 Myanmar'입니다. 그러나 군사 쿠데타에 의한 군부독재를 인정하지 않는 버마 자유진영 쪽에서는 군부독재가 일방적으로 선포한 국호인 '미얀마'가 아닌 이전에 사용되던 국호인 '버마 Burma'만을 인정하고 있습니다. 따라서 이 글에서는 미얀마와 버마를 병기해서 서술했습니다.

소개 태국-미얀마/버마 국경도시인 메솟은 방콕에서 (버스 기준으로) 북쪽으로 8시간 정도 거리에 위치해있다. 이 메솟(태국 쪽)과 마주 보는 도시가 미야와디 Myawaddy(미얀마/버마 쪽)이고, 그 사이에는 한국으로 치면 안성천만 한 개천?/강?이 흐르고 있다. 그리고 이 머이강 Moei River 이 태국과 미얀마/버마의 국경이다.

••• 메솟에서의 첫 인사

메솟에 처음 도착했을 때, 나는 이곳이 무척 잘사는 동네라고 생각되었다. 주택, 공장지대, 농지가 적절히 배치되어 있었고, 도시의 도로 포장 상태도 양호했다. 전기 사정도 전혀 열악해 보이지 않았으며, 무엇보다 지역 시장이 무척 활발하게 운영되고 있었다.

그런데 메솟에 들어올 때 한 가지 특이한 일이 있었다. 희한하게도 내가 타고 있던 장거리 버스가 메솟 외곽지역의 도로 한복판에서 멈추더니, 경찰관들이 불쑥 들어와서 버스 안을 검문했다. 그리고 내 바로 옆자리에 앉아 있던 아주머니를 끌고 내려갔다. 분명, 그 아주머니는 버스가 방콕 버스터미널에서 출발하기 전에 남편으로 보이던 사람하고 부둥켜안고 울었었다. 부디 별 탈이 없기를….

••• 국경(border)이란?

한국 사람에게 '국경'이라고 하면, 저 북쪽 휴전선에서 60만 대군이 살벌하게 지키고 있는 철조망이 떠오를 것이다. 이것은 분명 분단의 슬픔이다. 그런데 막상 외국에 나와 보면 국경이라는 것이 그리 삼엄하지도, 살벌하지도 않을 수 있다는 것을 깨닫게 된다.

가령, 인도-네팔 국경의 소나울리 Sonhouli 지역에서는 국경을 넘는 사람이 직접 '자신이 국경을 넘을 테니 허가해 주세요.'라고 출입국 관리소에 신고해야 한다. 무슨 말이냐면, 깜빡하고 앞사람만 따라가다가는 자칫 출

국 수속도 안 하고 상대 국가로 넘어가 버리게 된다. 실제로, 한 선배는 자의?/타의?로 인해 4시간가량 상대국가에 불법체류했었다.

싱가포르－조호르바루 Johor Bahru(말레이시아 쪽) 국경은 더욱 가관인데, 이 지역에서는 날마다 출퇴근하는 사람들이 자기 자동차를 운전해서 국경을 넘는다. 이때 필요한 것은 마치 버스카드를 태그 하듯이 자기 여권을 출입국 단말기에 태그하는 것뿐이다.

이곳 메솟도 다른 국경 지역들과 마찬가지로 자유롭게 사람과 물자가 오고 가고 있었다. 매일 아침이 되면 노점 아주머니는 아침에 팔 빵이며 국수 따위를 머리에 이고 국경을 넘는다. 메솟 시내에서 일하는 노동자도 일터까지 타고갈 자전거를 끌고 국경을 넘는다.

그런데 신기하게도 이곳 메솟에서는 국경을 넘는 루트가 2가지 있었다. 바로, 공식/비공식의 루트다.

먼저, 공식루트는 메솟(태국)과 미야와디(미얀마/버마)를 연결하는 우정의 다리를 건너는 것이다. 예를 들어, 외국인인 내가 미야와디(미얀마/버마)에 가기 위해서는, 메솟에 있는 태국 출입국관리소에 신고한 후에, 내 두 다리로 '우정의 다리 Friendship Bridge'를 건너서, 반대편 미야와디(미얀마/버마) 출입국 관리소에서 비자신청을 해야 한다. 이 경우 하루짜리 비자수수료가 약 500바트(약 2만 원)이다.

그런데 바로 그 순간에 우정의 다리 아래쪽에서는 현지 사람들이 나룻배를 타고 국경(한국의 안성천만 한 개천)을 건넌다. 바로, 두 번째 방법인 비공식 루트이다. 물론, 비공식이니만큼 출입국 수속이나 비자 같은 것은 필요 없다. 오직 뱃사공에게 단돈 20바트(약 800원)만 내면 된다. 그러니 누가 복잡한 출입국 서류를 준비하고 비싼 돈을 들여가며 정식으로 국경을 넘겠는가?

Q 그렇다면, 불법적인 월경(越境)을 태국, 미얀마/버마 경찰들은 보고만 있는가?

그렇다. 정말로 그냥 보고만 있다. 나룻배를 타고 국경을 넘는 것이 이미 공공연하게 공인된 비공식 루트이기 때문이다. 상황을 좀 더 설명하자면, 메솟(태국) 입장에서는 날마다 출퇴근하는 미얀마/버마 사람들의 노동력이 필요하다. 하루 메솟(태국) 사람들의 일당은 보통 350바트(약 14,000원)

정도 하는데, 이렇게 불법적으로 국경을 넘는 사람들(미얀마/버마)의 임금은 100바트(약 4,000원)를 약간 상회하는 정도이다. 그러니 미얀마/버마에서 불법으로 출퇴근하는 것을 금지 시키면, 아마도 메솟 시내에 있는 공장과 상가의 절반은 문을 닫을 것이다. 그래서 이 사정을 알고 있는 메솟(태국) 경찰

들도 불법적인(?) 도강을 반쯤은 묵인한다.

한편, 그렇다고 해서 메솟(태국) 경찰들이 자신들에게 주어진 공권력을 방기하고 있는 것은 아니다. 메솟(태국) 경찰들은, 미얀마/버마 사람들이 국경을 불법적으로 넘나드는 것에는 희한할 정도로 관대하지만, 대신 미얀마 사람들이 메솟 시내에서 돌아다니는 것에는 무척 엄격하다. 메솟(태국) 경찰들은 메솟 시내에서 수시로 불심검문을 자행하며, 불법적으로 국경을 넘어온 미얀마/버마 사람들에게 뼁을 뜯는다(비공식적인 커넥션이 이어져 있을 거라 생각하지만, 확인하지는 못했으니 언급하지 않는다.).

그렇다면, 미얀마/버마 사람들은 (뼁 뜯길 것을 알면서도) 왜 불법적으로 국경을 넘는가?

이 사람들은 어차피 가진 것이 많지 않은 사람들이다. 따라서 날마다 그 비싼 출입국 수수료를 내고 국경을 넘는다는 것은 말이 안 된다. 불법으로 국경을 넘었다가 메솟(태국) 경찰에 붙들려도 호주머니에 있던 돈만 털리면 그만이다. 행여 본국으로 송환 당하더라도, 그날 혹은 그 다음 날이면 다시 메솟으로 돌아온다. 자기들의 생활터전이 메솟에 있으니 어쩔 수 없다.

사람과 물자의 이동은 결코 국경이라는 인위적인 선에 의해 단절되지 않는다.

미얀마/버마 난민캠프

멜라(Mae La) 캠프
1984년 건설, 메솟 시내에서 약 1시간 거리, 약 4만 2천 명 거주.

움피엠 마이(Umpiem Mai) 캠프
1999년 건설, 메솟 시내에서 약 1시간 반 거리, 약 1만 3천 명 명 거주

누포(Nu Po) 캠프
1997년 건설, 메솟 시내에서 약 5시간 거리, 약 1만 2천 명 거주.

메솟 주변에는 3개의 주요한 미얀마/버마 난민촌이 위치해있다. 난민들은(공식적으로)미얀마/버마 안의 정치적 박해를 피해 태국으로 건너온 사람들로서, 짧게는 1년 미만을 길게는 20년을 훌쩍 넘는 기간을 난민촌에서 생활하고 있다(비공식적으로는 생계 문제로 건너온 사람들도 많다.). 이들의 공식적인 희망은 미국, 캐나다, 호주 등지로 건너가 정착하는 것이다. 물론, 이 많은 사람들을 한 번에 받아줄 국가는 세상은 어디에도 없으므로, 자신에게 이민 기회가 주어질 때까지 기약 없이 기다려야 한다.

– 출처 : The Border Consortium (TBC), (June 2014)

멜라Mae la 캠프 방문 일지

2010.03.06.

08:00 메솟 시내에 있는 버스 스탠드에서 멜라 캠프로 가는 썽태우(삼륜차)를 탔다. 1시간에 1대꼴, 60바트(약 2400원). 이 정도 가격이면 캠프 내에서 매일 출퇴근하기는 어려워 보인다.

09:00 멜라캠프로 가는 도로 곳곳마다 임시검문소가 서 있다. 역시 메솟 경찰들은 짭짤한 부수입에 맛 들렸는지 아르바이트를 열심히 한다.

캠프 도착

캠프 입구 삼엄한 경비를 예상했었는데 예상외로 허술하다. 캠프의 메인 게이트도 활짝 열려 있고, 메인게이트에서 조금 떨어진 개구멍 사이로는 난민들이 서스럼없이 들락날락한다. 나는 생김새가 튀는 외국인지라 몹시 긴장했지만, 어찌 되었든 무사히 캠프 안으로 들어올 수 있었다.

캠프 안 대나무로 지은 판자촌의 모습이다. 흡사 시간이 멈춘 듯하다. 난민촌이라기보다는 1930년대 드라마 세트장인 것 같다.

난민 캠프 안에서도 왕성한 상거래가 이루어지고 있다는 점에 놀랐다. 슈퍼에, 음식점에, 심지어 휴대폰 파는 가게도 확인했다. 인위적으로 그은 국경/경계는 결코 사람과 물자의 이동을 막지 못한다.

다행히 외국인인 나를 보고도 사람들이 별다른 반응을 하지 않는다. 생김새야 같은 동양계라 비슷하다지만, 내 큰 키나 옷차림을 보면 이곳 사람이 아니라는 것 정도는 쉽게 알아차릴 터였다. 아마도 다른 외국인들이 수시로 들락날락하고 있는 듯하다.

10:00 미리 컨택했던 한 학교의 선생님을 만났다. 다행히 내 또래의 젊고 유능한 친구다. 외국인들을 상대했던 경험도 풍부한지, 나에게 미얀마/버마의 정치 상황과 멜라 캠프의 이모저모에 대해서 충분히 설명해 주었다.

그러나 한 부분이 무척 신경 쓰였다.

그 선생님이 말하길 이곳(캠프)에 오래 있으면 미래가 불확실한 것 때문에 무척 스트레스 쌓인다고 한다. 눈치채지 못하게, 하루 일과로는 어떤 일을 하는지, 여가 시간에는 무엇을 하는지, 다른 유희 거리가 있는지 등등을 확인해 보았다. 역시 별다른 것은 없다.

걱정되어 난민 2세대, 즉 이곳 아이들은 보통 장래희망으로 무엇을 말하느냐고 물어보았다. 그런데 아이들은 이러한 질문에 별다른 반응이 없다고 한다.

11:30 내친김에 대화 상대를 어느 학생으로 바꾸었다. 현재 고등학교 과정 중이라는 창. 나중에 무엇을 하고 싶으냐는 물음에 '공부를 열심히 해서 메솟 시내에 있는 학교에 진학하는 것'이라고 답변했다.

그렇게 30분 정도 창과 캠프 안에서의 생활에 대해서 소소한 이야기를 나눈 후, 다른 곳을 둘러보기 위해서 자리에서 일어나려고 했다. 그런데 그 녀석의 눈가에 갑자기 눈물이 글썽글썽 맺힌다. 나는 본능적으로 내가 이등병이었던 시절의 기억이 떠올랐다. '면회를 마친 후 부모님은 떠나시고, 나는 남았다. 이 친구 눈에는 내가 자기를 이곳에서 꺼내줄 수 있는 한 가닥 동아줄로 여겨졌으리라.'

12:00 창하고 함께 점심을 먹으러 왔다. 사실, 나에게 매달리려는 그 녀석이 부담스러웠다. 그래서 억지로 웃으면서 모른척하려고 했었다. 그러나 상황은 이 녀석과 얽히게 되었던 듯하다.

식당 안으로 들어온 후에 다시금 놀랐다. 진실로 완벽한 상행위가 이루어지고 있다. 메뉴판, TV, 라디오, 선풍기, 종업원, 손님들도 바글바글, 여느 식당하고 별다를 바가 없다. 적당히 볶음밥을 몇 개를 시켰는데 무척 맛있게 나왔다. 가격도 하나당 30바트(약 1,200원)에 불과했다(메솟에서는 40바트, 방콕에서는 50바트).

밥 먹으면서 이런저런 이야기를 하다, 한가지 실수를 했다.

"여기 음식은 왜 이렇게 싸냐?" (나는 메솟 시내와 비교해서 이야기했다.)

그런데,
"너에게는 이 음식이 싸게 느껴지냐?"

나는 할 말을 잃었다.

1:30 식사 후, 창의 삼촌이 운영한다는 찻집 *drink shop* 으로 갔다. 마땅히 마실 것도 없고 해서 망고 2개를 시켰다. 15바트 달라고 한다. 확실히 메솟 시내보다 값이 싸다. 도대체 이 사람들은 뭐해서 벌어 먹고사는 것인지 모르겠다.

그리고 2:00 돌아가기 위해서 서서히 준비해야 했다. 나는 오늘 하루 동안 나를 안내해준 창에게 무언가 보답해주고 싶었다. 이런 일은 상대가 기분 나쁘지 않도록, 그리고 상대가 부담스럽지 않도록 무척 조심해야 한다. 마침 창의 삼촌 가게에 6살짜리 조카가 있었다. 나는 속으로 잘 됐다고 생각했다. 나는 슈퍼마켓에 들어간 후 내가 살 것을 이것저것 고르는 척했다. 그러면서 내 것을 사는 김에 너도 조카한테 주고 싶은 것이 있으면 고르라고 했다.

그런데 그 녀석 한참을 망설인다. 나는 어느 정도 눈치채고서 그 친구가 부담을 느끼지 않도록 적당한 물건들을 집어 들었다.

"이 과자는 좀 달아서, 네 조카 이를 썩게 할 것 같고."
"요 녀석은 맛있기는 한데, 양이 너무 적네."
"요 녀석, 요 녀석이 꼬맹이들한테 좋겠는데…."

그제야 창이 뭐 하나를 집어 들었다. 뭔가 하고 바라보니, 5바트 짜리(약 200원) 가장 작은 과자였다.

움피엠 마이 Umpiem Mai 캠프
방문 일지

2012.03.12.

 멜라 캠프에서 받았던 충격이 채 가시기도 전에, 이번에는 메솟에서 좀 더 떨어져 있는 움피엠 마이 캠프를 방문하게 되었다. 그리고 나는 이곳에서도 차마 뭐라고 이야기할 수 없는 경험을 하게 되었다.

 메솟에서 3시간 거리, 가격 80바트(약 3,200원). 메솟 시내에서 거리가 멀어서 그런지 멜라 캠프보다도 외곽 경비가 삼엄하지 않다. 들기로는 외곽 철조망도 군데군데 뚫려 있고 내부 경비는 아예 난민촌 사람들이 자체적으로 하고 있다고 한다. 걱정스러운 점은, 약 한 달 전에 큰 화재가 발생해서 캠프 안에 있던 약 700여 가구가 전소하였다고 한다. 그래서인지 아직도 캠프 안은 무척 어수선했다.

 캠프 안을 어떻게 돌고 돌아, 아웅산이라는 친구를 만났다. 염려스럽게도 이 녀

석은 이미 이곳을 방문한 수많은 NGO 사람들에게 무척 익숙해져 있었다. 예컨대, 나를 보자마자 미얀마/버마 사람들은 정치 문제 때문에 이곳으로 피난 와서 가난하게 살고 있다고 일장 연설을 늘어놓는다. 나는 그저 건성으로 들어주었다.

그런데 문제는 전혀 엉뚱한 곳에서 터졌다. 캠프 내 상행위에 관심이 있던 나는 아웅산에게 꼭 시장에 데려가 달라고 부탁했다. 그런데 시장으로 가던 중에 이곳에서 20년을 넘게 거주했다는 한 무슬림 아저씨와 마주쳤다. 처음에는 그저 인상 좋은 배불뚝이 아저씨 정도로 생각했는데, 내 옆에 있는 아웅산의 낌새가 이상하다.

그 아저씨는 외국인인 내가 신기했던지 이것저것을 물어보았다. 물론, 나는 그 아저씨의 언어를 모르기 때문에, 아웅산이 영어로 통역해 주었다. 들어보니 별 이야기가 아니다. 그래서 나는 적당히 적당히 답변했다. 그런데 내 통역인 아웅산과 그 아저씨의 대화가 쓸데없이 길다. 무언가 통역이 비틀어지고 있다고 느꼈다.

"야. 아웅산. 너 아저씨하고 무슨 말을 그렇게 해?"
"뭐, 아무것도."

"내가 언제 그렇게 길게 말했어."
"아니, 그게…."

그런데 그 후 그 배불뚝이 아저씨가 나에게 과분한 호의를 베풀더니, 보디가드 혹은 감시역인 아저씨를 붙여주었다. 그리고 시장을 보는 것은 오늘은 어려울 것 같다고, 대신에 자기 사무실로 가서 하룻밤을 자고 가라고 한다.

일단 상황이 상황인지라 나는 그 자리에서 아웅산에게 더이상 캐묻지 않았다. 대신, 아웅산과 단 둘이 되었을 때 이 상황을 진지하게 물어보았다.

상황 설명 내 통역을 담당하고 있던 아웅산은 카렌Karen 족 출신으로 캠프에 온 지 3년째이다. 한편, 그 아저씨는 무슬림으로서 이 캠프에서만 20년 넘게 살아온 고참 중의 고참이다. 그리고 한 가지 덧붙이면, 바로 그 아저씨가 캠프 내에서 각종 특권, 특히 상권을 휘어잡고 있던 실세였다.

아웅산 말로는 그 아저씨가 나를 한국의 NGO에서 파견한 직원으로 오인했다고 한다. 캠프에 화재가 발생하자 구호 활동을 위해서 이런저런 NGO들이 이곳 현장을 방문하고 있었기 때문에, 나 역시 그러한 사람 중 하나로 생각했다는 것이다. 그리고 아웅산은 내게 아무런 말도 하지 않고, 내가 NGO에서 파견된 것이 맞다고 말했다. 카렌족이자 신참인 자기로서는 그 아저씨에게 밉보이는 것이 무척 껄끄러운 상황이었다고 이해해 달라고 한다.

···그날 밤

별다른 느낌은 없다. 이 정도의 열악한 환경은 이미 인도, 방글라데시에서 여러 번 겪어 보았다. 그 무슬림 아저씨는 내가 5시 이후에 숙소 밖으로 나가는 것을 금지했다. 이유는 모르겠다. 저녁 식사 반찬으로는 어이없게도 생선 한 마리가 올라왔다. 근처에 바다는커녕, 개천조차도 없는 곳에서 생선 한 마리가 식탁에 올라왔다. 나야 뭐 그 아저씨를 두려워할 이유도 없고, 이 음식이 가난한 난민들에게서 온 것도 아니라는 것을 알기 때문에 마음껏 먹었다. 그러나 역시 아웅산은 눈치를 심하게 본다. 생선 꼬리 부분에서 아주 조그맣게 한 조각을 떼어먹었다.

순식간에 내리는 어둠.

전기가 충분하지 않아서 불빛도 드문드문 들어온다. 나는 현재 이 캠프 안에 있는 유일한 외국인이다. 아마도 그 아저씨가 나쁜 마음을 먹으면 다음날 눈뜨지 못하겠지. 그러나 별걱정 없다. 나보다는 오히려 앞으로 계속해서 여기에 남아 있을 아웅산이 더 걱정이다. 쌀쌀한 밤이다.

또다시 문제가 발생했다. 이번 필드워크는 문제의 연속인 듯하다.

아침, 나는 평상시 습관대로 캠프 안을 이리저리 돌아다녔다. 내 딴에는 아침 산책도 할 겸 캠프도 둘러볼 겸 가볍게 한 바퀴를 돌아볼 생각이었다. 그러나 캠프 안에 있는 사람들에게는 이른 아침에 외국인이 통역도 없이 혼자 돌아다니는 것이 이상하게 보였나 보다. 주변 사람들의 경계하는 눈빛이 그대로 느껴진다.

그때 한 아저씨가 나에게 따라붙었다. 들어보니 왜 통역도 없이 혼자 있느냐고 끈질기게 묻는다. 나는 애써 그 아저씨의 서툰 영어를 못 알아듣는 척했다. 그러나 그 아저씨 역시 포기하지 않는다. 나한테서 떨어지질 않는다. 이 상태로는 뭐 하나 제대로 할 수 없다. 돌아가야 할 시점이었다.

서둘러 캠프에서 나가기 위해서 여러 친구의 도움을 받았다. 마치 릴레이 계주를 하듯, 한 친구가 몇몇 구역을 지나면 다음 친구에게 나를 인계했고, 그 친구는 같은 방식으로 다음 친구에게 나를 인계했다. 나는 이 친구들에게 적지 않은 민폐를 끼치고 있었다.

그리고 캠프 밖으로 나가는 지점에 도착했다. 그 지점에서 캠프 안과 밖을 나누는 경계는 아무것도 없었다. 그저 뻥 뚫려있었다. 그 경계선에서 나는 밖으로 나왔고 그 친구는 남았다.

Children's Development Center

미얀마/버마 안에서는 부모님들의 소득에 비해 아이들의 학비가 너무 비싸다고 한다. 그래서 일부 부모님들은 아이들만 태국에 있는 메솟으로 보낸다. 메솟에 도착하기만 하면 여러 국제기구와 NGO들이 제공하는 교육 서비스를 무상으로 받을 수 있다나. 결국, 부모님은 고향에 남아 농사를 짓고, 아이들만 미얀마/버마—태국 국경을 건너 메솟에서 생활하는 말도 안 되는 상황이 벌어지고 있었다.

(위 상황처럼 부모님만 미얀마에 남는 경우도 있고, 부모님 역시 메솟으로 와서 일하면서 아이를 메솟에 있는 학교에 보내는 경우도 있다. 일부 부모님의 경우는 방콕으로 가서 일하는 경우도 있다.)

내가 신세 지고 있던 J아저씨도 바로 이러한 아이들이 먹고 자고 할 수 있는 보딩하우스 boarding house 를 운영하고 있었다. 듣기로 J아저씨는 예전에 미얀마/버마의 정글 이곳저곳을 누비고 다녔던 유명한 활동가 Activist 라고 한다. 왕년에 잘 나가던 활동가가 이제는 이렇게 아이들을 돌보고 있다는 점이 무척 인상적이었다.

나는 보통 메솟 시내에서 오전/오후 인터뷰를 끝내고 나면, 쉬기도 할 겸 아이들하고 놀기도 할 겸 J아저씨의 보딩하우스로 기어들어갔다. 이곳은 나에게 지친 몸과 마음을 달랠 수 있던 휴식처였다.

보통 보딩하우스 가면 아이들은 항상 먹고 있었다. 엄청나게 먹는다. 남녀노소 가릴 것 없이 잘 먹는다. 하루는 보딩하우스로 가는 길에 삶은 옥수수가 눈에 띄어서 모조리 사갔다. 그리고 보딩하우스에 풀어 놓았는데, 순식간에 사라졌다.

언제였던가, 하루는 보딩하우스에 갔다가 피곤해서 그냥 대짜로 들어 누웠다(여행 중에는 남의 집에서도 내 집처럼 행동하라. 하하. 그것이 다른 사람과 가족처럼 지낼 수 있는 가장 빠른 방법이다.). 그런데 갑자기 아이들이 나에게 막 달려들었다. 그러더니 낙서 시작!!
얼굴이고, 손이고 할 것 없이 완전 신나게 그린다. 그리고 내 얼굴에 무슨 여자 스카프 같은 것을 두른다. 물론 나도 썩 나쁘지 않았다.

 ●●● 또 다른 하루

여느 때처럼 인터뷰를 마치고서 보딩하우스에 퍼져 있었다. 그때, 한 꼬마가 A4 용지를 들고 돌아다니면서 다른 아이들에게 돈을 나눠주었다. 무엇이냐고 물어보니 한 달에 100바트(약 4천 원) 씩 받는 용돈이라고 한다. 나는 유심히 아이들이 그 돈을 가지고 무엇을 하나 지켜보았다(여행자는 시간은 많고 할 일은 없다). 역시나 아이들이다. 용돈을 받자마자 밖으로 튀어 나가더니 하나 둘씩 과자, 아이스크림, 소시지 등등을 들고 들어온다.

그런데 여타 아이들과는 다르게 한 여자아이 손에는 꽃이 들려있었다. 가격을 물어보니 무려 전체 용돈의 1/10이나 하는 10바트다. 나는 조심스레 그 아이에게 왜 꽃을 샀는지 물어보았다.
"글쎄요. 방안에 꽂아 놓으면 다들 기분이 좋아질 것 같아서요."

비록 험한 세상에 던져졌다 하더라도
삶이란 진실로 축복받은 선물이다.
이는 신이 우리를 특별히 사랑한다든가
삶 자체가 행복해서 라기보다는
삶을 아름다운 순간들로 채워나갈 기회를 얻었기 때문이다.

5장

스물넷,
인도에서
한국까지 걷다

너 자신에게 정직해라.
세상 모든 사람과 타협할지라도 너 자신과 타협하지 마라.
그러면 그 누구도 그대를 지배하지 못할 것이다.

기쁜 일이나 슬픈 일이 찾아오면 그것들 또한 머지않아 사라질 것을 명심하라.
어떤 것도 영원하지 않음을 기억하라.
그러면 어떤 일이 일어난다 해도 마음의 평화를 잃지 않을 것이다.

누가 너에게 도움을 청하러 오거든 신이 도와줄 것이라고 말하지 마라.
마치 신이 존재하지 않는 것처럼 네가 나서서 도우라.

– 하늘 호수로 떠난 여행 中에서

카르마 / 인연

라오스 비엔티안Vientiane 의 도미토리에서, 한 홍콩 누나?/아줌마?를 만났다. 그리고 신기하게도 베트남 나짱Nha Trang 에서 그 누나와 다시 만났다. 하하. 착하게 살아야 한다.^^* 여하튼, 그 누나 덕분에 베트남 훼Hue 에서 도르제 언클Unlce 를 만나게 되었고, 도르제 언클은 내게 자기와 함께 샹그릴라Shangri-La 에 가지 않겠느냐고 제안했다.

"내 동생이 샹그릴라에 살고 있다. 그래서 나는 쿤밍Kunming 을 거쳐 바로 샹그릴라에 갈 것이다. 네가 원한다면 나와 함께 가도 좋다."

"언클, 솔직히 말하면 어떻게 해야 할지 모르겠다. 애초 생각했던 것처럼 난닝Nanning 을 거쳐 홍콩으로 갈지, 아니면 언클을 따라 쿤밍으로 가서 샹그릴라로 갈지 모르겠다. 언클하고 나하고 서로 맞는지도 알 수가 없다."

"그것은 너의 선택이다. 네가 결정할 일이다. 내가 말할 수 있는 것은 네가 원한다면 나와 같이 샹그릴라로 갈 수 있다는 점이다. 이게 카르마다."

"카르마라. 맞다. 언클을 만나게 된 것은 카르마인 것 같다. 나는 왜 훼에서 하루를 더 머물렀는가? 어떻게 그때 다시 홍콩 누나를 만날 수 있었는가? 이런 것들은 분명 나나 언클이 결정할 수 있는 일이 아니다. 그러나 그 이후는 아마도 내 의지가 아닌가 싶다. 언클과 함께 샹그릴라로 갈지, 아니면 홀로 난닝으로 갈지….”

　　결국 나는 도르제 언클을 따라 샹그릴라로 갔고, 샹그릴라에서 리장 Li Jiang 으로 내려가는 길에 고 선생님과 은영 누님을 만났다. 그리고 그분들과 함께 쿤밍으로 가려던 차에, ‘웨이’를 만나게 되었다.

리장 Li Jiang

센과 치히로의 도시?

滴答滴答滴答滴答
时针它不停在转动　시곗바늘은 계속해서 움직이고

滴答滴答滴答滴答
小雨她拍打着水花　부슬비는 방울이 되어 떨어지네

滴答滴答滴答滴答
是不是还会牵挂他　아직도 그 사람이 걱정되는지

嘀嗒嘀嗒嘀嗒嘀嗒
有几滴眼泪已落下　눈물이 똑똑 떨어지네

〈하략…〉

곡명 : 滴答 DIDA
노래 : 侃侃 KANKAN

아름답다. 신비롭다.

고풍스럽게 놓여있는 돌담길이 중국스럽다는 느낌을 물씬 풍긴다. 무엇보다도 거리 곳곳에서 흘러나오는 리장 특유의 음악에 정신이 조금씩 혼미해진다.

2012.04.24.

게스트 하우스에서 고 선생님과 온종일 이야기를 나누었다.

••• 고 선생님께 들은 이야기

옛날에 인도의 한 왕이 석가모니에게 말했다.

'석가모니시여. 제 생각에 이 세상에서 가장 소중한 것은 바로 '나'인 것 같습니다.'

그러자 석가모니가 답했다.

'고로 남을 소중하게 대하십시오.'

2012.4.25.

리장에 머문 지 3일이 지났다. 얄궂게도 이렇게 아름다운 리장 또한 단조롭게 느껴진다. 은영 누님이 같이 쿤밍에 가자고 제안했다. 나 역시 흔들린다. 지금은 혼자 여행하는 것이 너무나 싫다. 힘들고 외롭다. 딱히 정해진 계획도 없다. 결국, 은영 누님과 함께 리장역에 가서 쿤밍으로 가는 기차표를 샀다. 그런데 돌아오는 길에 버스에서 잘못 내려서 처음 보는 곳을 방문하게 되었다. 꽤 근사한 사원이었는데 이것도 인연인가 싶어 그곳에서 한참 동안 시간을 보냈다. 그리고 어찌어찌 게스트하우스에 돌아왔을 때, 웨이를 만나게 되었다.

웨이, 웨이, 웨이…

다시 2012.4.25.

리장역에서 쿤밍으로 가는 기차표를 예약하고 돌아오는 길에, 버스를 잘못 내려서 시내를 이리저리 떠돌았다. 오후 5시나 되어서야 게스트하우스에 돌아왔는데, 그 때 게스트하우스 정원에 앉아있던 예쁘장하게 생긴 여자애 두 명이 눈에 들어왔다. 물론, 여행 중에 예쁜 여자애들과 이야기하는 것은 소소한? 즐거움이다. 더군다나 한 친구는 영어를 꽤 잘했다.

한참을 이야기하다, 한 친구(웨이)가 예전에 상해에 있는 한국 회사에서 일했다는 것, 그래서 올해 2월에 한국에 다녀왔다는 것, 그리고 지금은 일을 그만두고 한 달 정도 리장에서 휴식을 취하려고 한다는 것을 알게 되었다. 나는 직감적으로 리장을 떠나야 하는지, 아니면 남을 것인지 선택해야 한다는 것을 느꼈다.

누가 나에게 알려 준 것일까?
아니, 아마도 스스로 결정하지 못했기 때문일 것이다.

그 후, 모두 함께 저녁을 먹으러 갈 때, 나는 한 가지 게임을 해보기로 했다.

리장의 거리를 함께 거닐며
전혀 아무렇지 않게
그리고 다른 사람들에게는 들리지 않게.

"저, 웨이."
"……."
"사실 나, 내일 쿤밍으로 가는 표를 가지고 있어. 그런데, 너가 원하면 여
기서 좀 더 머무를게…."

당연하겠지만, 무척 당황해한다.
나는 태연한 척 연기하며, 조용히 생각할 시간을 주었다.
그렇게 한참을 묵묵히 걸은 후에.

"자, 대답을 들려주지 않을래?"
……
……
……

"너가 여기에 머물렀으면 좋겠어"

여자친구가 생긴다는 것이 이런 기분일까?
그 이후로 웨이가 무척 다소곳하고 편안하게 느껴졌다. 긴 여행의 외로움
에 지쳐있던 나는 웨이가 무척 고마웠다. 지금 이 순간을 무척 뜻깊고 감사
하게 만들어준 이 친구가….

2012.04.26.
아침, 리장역에 가서 기차표를 환불하고 왔다.

오늘은 자연스럽게 웨이와 단둘이 이야기할 수 있었다. 내게 영어로 통역해 줄 수 있는 사람이 웨이 밖에 없었기 때문이다. 덕분에 우리 둘이 딱 달라붙어서 이야기하는 것도 전혀 이상해 보이지 않았다. 아니면 다른 녀석들이 눈치껏 피해 주고 있던 것인지.

나는 웨이에게 내가 인도에서 중국까지 여행했던 사진들을 보여 주었다. (다른 사람에게 다가갈 수 있는 가장 좋은 방법은, 먼저 자기 자신을 보여주는 것이다. 그리고 이는 내가 지금까지 가장 못 했던 일이기도 하다.)

그 후, 한 친구가 리장에서 장기 임대했다는 집에서 함께 저녁을 만들어 먹었다. 진실로 오랜만에 느껴보는 보금자리다.

그런데,

"쫑, 사실 나 우리 부모님하고 사이가 좋지 않아."
"아니 왜?"

"부모님이 원하는 사람과 결혼하지 않았거든."
"하하. 그래서 리장으로 도망쳐 온 거구나?"
"응."

"왜 그 사람하고 결혼하지 않았는데?"
"다른 좋아하는 사람이 있었거든."

"음… 그럼 왜 그 사람하고 결혼하지 않고?"
"그 사람은 한국인이었어. 부모님은 허락해 주시지 않았고."

이 말을 듣고 나는 적잖이 동요했다. 이유는 모르겠다. 나는 더이상 묻지 못하고 재빨리 화제를 다른 것으로 돌렸다.

그날 밤, 나는 방에 돌아와서 밤새 뒤척였다.

안고 싶다는 마음
그러나 그러면 안 된다는 생각.
과연 나는 이 친구에게 최선을 다할 수 있는가?
여행 중에는 가능하겠지. 그러나 돌아가게 되면….

내가 너에게 줄 수 있는 것은, 함께 하는 시간 동안의 행복과 추억이야.
잔인한 말이다.

••• I'm waiting (for) you in lizang

2012.04.27.
삶은 결코 선형적이지 않다. 지루하고 단조로운 일상이 이어질 것 같은 순간에도, 어느덧 갑자기 차마 모두 담아내지 못할만한 일들이 밀어닥친다.

아침, 여느 때처럼 리장 고성안을 돌아다녔다. 정말 아름답다. 그러다 우연히 어느 가게 앞을 지나쳤다.

'I'm waiting (for) you in lizang.'

묘한 기분이 들었다.

점심을 먹고 게스트하우스에서 웨이가 오는 것을 기다렸다.
2:00 Pm. 웨이는 시간을 딱 맞춰 도착했다.
(왜 계속 오지 않을 것 같다는 불안함이 드는 것인가.)

적당히 시간을 보내다 따꺼(큰형의 중국말)를 따라 길을 나섰다. 주요 멤버
는 '따꺼', '남-녀커플', '웨이-나'이다. 물론, 이 중에서 내가 가장 이질적인
존재였다.

따꺼를 따라 '코끼리 산'에 갔는데 입장료를 내지 않으려고 구석진 쥐구멍
으로 올라갔다. 그래서 산꼭대기까지 등산로가 아닌 길을 억지로 올라가야
했다. 덕분에 웨이를 잡아주고 끌어주느라 자연스레 가까워질 수 있었다.

한 가지 이상했던 점은 웨이의 태도이다. 나에게는 무척 조심스러우며 상
냥하게 이야기하는데, 따꺼에게는 거칠고 거리낌이 없다. 마치 보이시한 여
자애가 친한 오빠한테 형형 하는 것처럼 말이다.

그렇게 산비탈 수풀 속을 헤치며 1시간을 넘게 올랐다. 코끼리 산 정상에서는 리장 시내가 훤히 내려다 보였다.

코끼리산 정상에 있던 정자에 앉아서, 웨이하고 오늘 찍은 사진을 함께 봤다. 혼자 외로이 있는 따꺼에게는 미안했지만 나는 좀 더 이렇게 있고 싶었다. 그래서 웨이에게 어제 이미 보았던 사진도 처음 보는 사진이라고 말했다. 웨이는 처음에는 긴가민가하다가,

"어라, 종. 어제 너가 이 사진 다 좋은데 내 표정만 어둡게 나왔다고 말했었잖아."

그리고 깔깔깔 웃는다. 나도 그저 멋쩍게 웃는다.

그리고 I'm… waiting… (for) you in… lizang….

이 긴 여행의 마지막에 누군가 나를 기다려 주는 사람이 있다면.
그리고 그 사람과 서로 아끼고 사랑하며 살아갈 수 있다면….

••• 정말 뭣 같은 날에, 뭣 같은 장소에서….

이렇게 해서 큰 문제없이 끝날 수도 있던 하루였다. 그렇다면 아무렇지도 않게 내일을 즐겁게 맞이했을 거다. 그러나 삶은 그렇게 극적이거나 아름답지 않다.

코끼리 산에서 내려온 뒤, 모두 함께 저녁을 먹었다. 그리고 가라오케에 갔다. 그저 한두 시간 즐기고 나왔다면 좋았을 거다. (물론, 그랬다면 나는 결국 진실은 보지 못하고 헤어졌겠지….)

••• 가라오케…

놀란 것은, 이 녀석들 시간당 40 위안(약 8천 원) 하는 것을 놔두고 이상한 274 위안(약 5만 원) 하는 패키지 프로그램을 고른다. 들어가 보니 완전 룸이다. 맥주 10병, 과일, 팝콘, 안주 + 새벽 2시까지 무한 서비스 등 풀 세트로 갖춰져 있다. 지금은 고작 밤 8시다.

••• 남녀 커플

여자애 노래 잘 부른다. 무척 잘 놀고, 연애도 많이 해봤음직하다. 반대로 남자 녀석은 조금은 고지식하면서 진지한 타입이다. 결국, 노래 한 곡 부르고는 쭈그러든다.

그런데….

이 남녀 커플, 술이 좀 들어가니까 아주 정신 줄을 놓는다. 꼭 붙어서, $%^$^$@@. 서로 좋아서 그런 것이니 그러려니 했다.

헐….

갑자기 여자애가 펑펑 운다. 서럽게 운다. 그걸 남자애가 위로해 주는 건 알겠는데, 갑자기 애정행각의 수위가 높아진다. 여자애는 처음에는 거부하는 것 같더니 어느새 자기도 열심히 하더라. 다른 사람(따꺼/웨이/나)은 아랑곳하지도 않는다. 남자 녀석의 얼굴에는 주체할 수 없는 승리자의 웃음이 터져나왔다. 마치 상대를 정복했다는 웃음이다. 그 표정이 무척 추해 보였다.

• • • 따꺼

따꺼는 내가 머물던 게스트하우스의 장기 투숙객이었다. 나이는 한 40대 초반 정도로 보였는데, 항상 가지고 있던 노트북으로 '주식' 그래프를 살펴보고 있었다. 듣기로 리장 고성 안의 고택古宅을 한 채 구입해서 게스트하우스를 운영할 계획이라고 한다.

흠…. 그런데 가라오케에서 위 두 커플이 서로 애정행각을 벌이고 있을 때, 따꺼가 웨이에게 귓속말을 하는가 싶더니 갑자기 볼에 뽀뽀를 했다. 술 취한 아저씨들이 으레 하는 못된 짓이다. 그걸 보고 나는 적당히 따꺼를 웨이에게서 떼어놓으려고 했다. 그런데 이상한 것은 웨이의 반응이다. 그렇게 강하게 반발하지 않는다. 도대체 뭐지?

• • • 웨이

어떻게 이야기를 시작해야 하나.
처음 내가 웨이에게 끌렸던 것은 내가 무척이나 외로웠기 때문이고, 또 웨이와 함께 할 수 있는 조건들이 맞았기 때문이다. 서로 뚜렷한 계획이 없었고, 비슷한 성격에, 비슷한 상처가 있었다.

웨이의 전 남자친구는 직장 상사였고, 6개월 정도 함께 일하다 서로 사랑에 빠졌다. 동거를 시작했고, 작년 11월까지 함께 지내다 헤어졌다. 그 남자는 한국에 돌아갔으며, 올해 다른 여자와 결혼했다. 웨이는 올해 초 한국에 가서 그 남자를 한 번 만났으며, 그 후 리장으로 왔다.

웨이는 전 남자친구와 헤어진 이유를 상대방이 한국인이어서 부모님이 반대했기 때문이라고 말했다.

나는 그 말이 거짓말이라고 했다.

웨이도 거짓말이라고 인정했다.

나는 웨이에게 내 몇 가지 경험을 말해 주었다. 그녀가 부디 흔들리지 않고, 경솔하게 행동하지 않고, 특히 나중에 후회하는 일들을 만들지 않도록….

그런데 문제가 터졌다.

큰 형이 삐쳐서 말도 없이 혼자서 돌아갔다. 나하고 웨이하고 영어로 이야기하는 것을 분명 오해했으리라. 중간에, like, love, boy friend, marry 같은 단어가 무수히 나왔으니.

••• 왜 지금 이 모습으로 내게 나타나게 하신 건가?

2012.04.28.

솔직히 어제 다하지 않은 이야기를 해야겠다.

새벽 1시경 모두가 각자의 상처 때문에 제정신이 아닐 때, 나하고 웨이는 따꺼는 신경 쓰지 않고 한참을 이야기했다. 그러던 중 남자 녀석이 여자애를 데리고 밖으로 나가 없어졌고, 나는 온갖 생각과 걱정이 몰려들어 그 녀석들을 찾아다녔다. 마침, 그때 따꺼는 웨이한테 왜 나하고만 이야기하느냐며 화를 내고는 혼자 게스트하우스로 돌아가 버렸다. 그리고 다시 돌아온 나는 웨이에게 '남-녀 커플' 두 녀석이 없어졌는데 찾아보지도 않고 뭐하는 거냐며 심하게 몰아붙였다(웨이 역시 심하게 동요했을 텐데…).

……

……

그리고 한 참 후,

……

……

나는 웨이에게 조심스럽게 말했다.
"내가 내일 떠나기 바라니?"

……

……

나는 다시 구차하게 웨이에게 부탁했다.
"내일, 내가 있는 장소에 와줄래?"

•• 아침

여느 때처럼 리장 고성 안을 정처 없이 걸었다.

게스트 하우스 의자에 앉아 일기를 적었다.
솔직히 지금은 이 모든 것들을 기록하는 것이 벅차다.

오후 2시경, (약속 시각을 정하지 않은 체) 웨이를 기다렸다.
밖에 나가서 서둘러 죽을 먹고 돌아왔다. 아무도 없다.

잠시 심우각에 다녀왔다.
돌아오니 오후 5시다.
없을 거라고 생각했다.
이제 끝이라고 생각했다.

그저 어기적어기적 들어와 침대에나 누워 있으려고 하는데, 웨이와 따꺼가 거리를 두고 앉아 있다. 반가움과 어색함이 함께 밀려왔다.

억지로 자연스럽게 웨이 옆에 앉아 영어로 이야기했다.

"어젯밤에 그 커플 괜찮나?"
"응."
"다행이네."
......
......

"어제 네가 말한 한국 상사, 네 보스 아니야?"

웨이 깜짝 놀란다.
"나 너 무서워…. 하하…."

그 후 이런저런 이야기를 하다, 함께 밖으로 나갔다. 나는 내가 차고 있던 목도리를 풀러 웨이에게 감아주었다. 그리고 리장 고성 안을 함께 걸었다. 리장의 음악을 들으며….

아마 여기까지였어야 할 거다. 웨이를 위한 것이라면.
그러나 나도 모르게 너무 깊이 들어와 버렸다.
이제는 도저히 뭐가 뭔지 모르겠다.

말해 줘야 하는 건가?
펑펑 울 텐데.
아니 상처받을 텐데.

나는 왜 이 녀석을 펑펑 울게 하고 싶은 걸까.
훌훌 털어내 버리고 다시 시작하라고?
아니다.
이 녀석이 펑펑 울 때, 내가 끌어안을 수 있기 때문이다.
그랬던 거다.

웨이에게 넌지시 물었다.
"지금까지 언제가 가장 행복했어?"
"음…. 그 사람하고 함께 이야기하고, 밥 먹고, 요리하고, 여행하고…."
무척 앳된 모습이다.

나는 그녀에게 말했다.
"먼저 하나 약속할게. 오늘 나는 널 끌어안지 않을 거야. 그러니 무슨 일
이 있어도 겁먹지 마."

웨이. 깔깔깔 웃는다. 자기는 그런 거 절대 허용 안 할 거라고 한다.

"그리고 하나만 약속해 줄 수 있겠니? 아마도 오늘 내가 널 아프게 할지
도 몰라. 그래도 나 네가 필요해. 상처받더라도, 다시 내일 나에게 와준다고
약속해 줄래?"

웨이. 벙찐건지 이해가 되지 않은 건지. 끌어안지만 않는다면 그럴 거라고 답한다.

그리고 결국 도착했다.

I'm waiting (for) you in Lizang.

"내가 지금 너가 필요한 것처럼, 그 사람도 그 때 너가 필요했던 거고….
내가 이곳을 떠나면 이제는 너가 필요하지 않은 것처럼, 그 사람도…"

웨이. 담담하다.
이미 알고 있었다.
이미 알고 있었다.

웨이와 같이 저녁을 먹으면서, 웨이의 옛날 사진을 같이 보았다.
놀랐다.
2년 전의 그녀, 지금보다 훨씬 어리고 귀엽다. 다른 사람의 마음을 따뜻하게 할 수 있을 정도로 밝다. 나 역시 반해버릴 정도로 밝다.

그리고 점차 시간이 갈수록, 늙고, 어둡고, 슬퍼진다.
시간의 간격 속에 내리 깔리는 그림자가 완연하다.

웨이에게, 사진 속에 있는 이 귀엽고 예쁜 여자애가 어디 갔느냐고 물었다. 그러자 웨이가 꺄르르 웃는다.
"글쎄 그녀가 어디에 있을까?"

그 후 웨이를 숙소까지 바래다주었다.

울고 싶으면 실컷 울어.
다시 시작할 수 있게….

외로움 때문에 한없이 가까워지려 하지만,
떠나야 하는 것을 알기 때문에 멀어지려고 한다.
옛날 이어지지 못한 남녀가
밤새 부둥켜안고는
울면서 날을 지새웠다는 말이 떠올랐다.

Where can I meet my right person.

How I can find her.

Please, let me know.

How long should I wait for her.

스물넷,
인도에서 한국까지 걷다

2012.04.29.
잠을 잘 자지 못 했다. 거리로 나가 무작정 걸었다. 몸이 좋지 않았다.

2012.04.30.
리장 – 하늘에 떠 있는 구름만큼이나 사람의 기분을 변하게 하는구나.

아침, 평소대로 고성 안을 거닐었다. 별로 달라진 것은 없었다.
오후 2시쯤. 누군가 선글라스를 끼고 들어왔다. 웨이다. 나는 와줘서 고맙다고 말했다. 잠시 2층으로 올라가서 이것저것 준비했다. 그런데 웨이의 상태가 이상하다.

"무슨 일이야?"

알고 보니 선글라스를 낀 눈이 촉촉하게 젖어 있다. 오늘은 그저 혼자 방에서 쉬고 싶다고 한다. 이대로 보낼 수는 없었다. 아니 보내기 싫었다. 웨이를 근처 공원으로 데리고 갔다. 그리고 웨이에게 물었다.

"따꺼하고 무슨 일 있었나?"
"아니."

"그러면 그 커플하고 무슨 일 있었어?"
"아니야…."

나는 생각했다.
……
……
"그 사람한테서 연락이 왔구나."

웨이 아무 대답도 하지 않는다.

무언가 달라져 있었다. 확실히 무언가 달라져 있었다. 나는 웨이에게 내 첫사랑이 나보다 연상이었다는 점과, 그 사람이 내게 '꽃을 꺾는다'라는 말을 했다는 것을 알려 주었다. 이것으로 다 한 거다. 이제 남은 것은 그저 조금이라도 더 같이 있고 싶은 욕심뿐이다.

웨이의 숙소까지 함께 걸었다. 마음속으로 작별을 준비했다.

"너 혹시 그 사람의 미래를 위해서 한국으로 보내준 거니?"
웨이는 역시 대답하지 못한다.

하하…. 기막힌 웃음만 나왔다.
나쁜 자식. 멍청한 자식.
나는 절대로 내 성공을 위해서 내 사람을 버리지 않으리라….

그리고 웨이의 숙소 앞 모퉁이에 다다랐을 때, 웨이를 힘껏 끌어안았다.

"미안해, 그리고 행복해야 해."

웨이 녀석, 뻔히 외로운 것 알면서 꼭 좀 안아주지 않고….

나는 웨이를 놓아준 뒤, 뒤돌아보지 않고 묵묵히 돌아왔다.

이제는 리장에 있고 싶지 않았다. 서둘러 리장을 떠나고 싶었다. 노동절인데 기차가 있을까? 없다면 따리 Dari 로라도 가야겠다. 신기하게도 아무런 걱정은 들지 않았다. 오히려 마음이 홀가분했다.

서둘러 게스트하우스로 돌아가다, 게스트하우스 입구에서 남-녀 커플을 만났다. 짧은 작별 인사를 할 수 있었다. 어떤 일이 있든 너희는 내 친구다.

시내버스를 타려고 했는데, 웨이가 기차푯값이 500위안(1만 원) 정도 한다고 알려줬던 기억이 떠올랐다. 서둘러서 근처 ATM 기계로 갔다. 그런데 내 씨티은행 카드는 일반 은행에서는 사용할 수 없었다. 급하게 중국은행 bank of China 까지 뛰어갔다.

다시 버스정류장. 사람도 별로 안 태운 18번 버스가 그냥 지나간다. 그래서 다시 한참을 기다려야 했다(그런데 여전히 별로 걱정되는 마음은 들지 않았다.).

··· 리장역에서

버스에서 내리자마자 가장 먼저 뛰어갔다. 그리고 맨 먼저 예약 창구에 도착해서 안 되는 한자를 써가며 쿤밍으로 가는 기차표를 예약했다. 나 때문에 내 뒤에는 무지 긴 줄이 형성되었다. 어찌 되었든 무사히 표를 끊었다. 그리고 왜 그랬는지 모르겠지만, 카운터 옆에 서서 한참 동안 쿤밍 가는 기차표를 확인했다. 별문제 없을 거라는 것을 알면서도 확인하고 또 확인하는 습관 때문일 것이다.

그 때,

"저, 도와드릴까요?"

그녀를 만나게 해주신 신께 감사드린다.

中国邮政明信片
Postcard
The People's Republic of China

邮 资

만나서 반가워요 ^^

오늘은 제 남은 인생에 첫 번째 날이에요

邮政编码

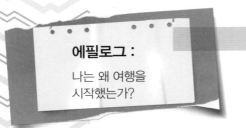

안녕하세요, 저는 서울대학교 경제학부 06학번 오
종석이라고 합니다. 지금부터 제가 인도에서부터 한
국까지 약 22개월에 걸쳐 아시아 11개국을 여행했던
일들을 말씀드리려고 합니다. 제가 인도에서 한국까
지 이렇게 긴 여행을 한 것은, 제가 공부하는 분야가
경제학인 만큼 빈곤국을 실제로 여행하면서 그들이
왜 가난한지, 그리고 어떻게 해야 해결할 수 있는지
직접 눈으로 보고 싶었기 때문입니다. 그래서 22개월
동안 대도시의 슬럼 지역, 도심에서 멀리 떨어진 시골
지역, 각종 국제 NGO의 활동 지역 등을 방문하고,
하루 1$로 생활한다는 것이 무엇인지를….

······

······

이렇게 쓰면 정말 모범직한 여행 동기일 거다. 어디
입사 지원서 같은 곳에 적으면 어지간한 곳에서는 합
격시켜 줄만 한. 그런데 여행을 막 끝낸 지금 내가 이
말들을 다른 사람들에게 내뱉고 있다면 딱 한마디 해
주고 싶다.

별 신

우리 좀 더 솔직해지자.

나는 왜 여행을 떠났는가?

그저 학교 안에서 적당히 공부하고, 대학원 가고, 어디 연구원이나 기업에 취직하면 됐을 텐데, 어째서 이렇게 긴 여행을 시작했는가?

나는 분명 갈증을 느끼고 있었다. 대학생활이 이대로 끝나버리기 전에 무언가 특별한 경험을 한 번 터트려 보고 싶었다. 독도를 홍보하겠다며 1년 동안 전 세계를 여행했던 독도 레이서 녀석들이 부러웠다. 독도 레이서 친구들이 마음껏 전 세계를 누비고 있을 때, '이 녀석들이나 나나 같은 나이인데 나는 여기서 뭐 하고 있나?'라고 생각했다.

진심으로 사랑하고 싶었던 사람에게 거절당했다. 내 몸보다 더 아끼고 사랑하려 했지만, 끝끝내 그 사람의 마음을 얻지 못했다.

자연스레 내 모든 생활이 정리되었다. 떠날 때가 된 것이다. 친구 놈 말마따나 갈 놈은 어떻게 해서든 간다고….

Q : 당신은 왜 여행을 시작하신 겁니까?

A : 그저 오토바이를 타고 싶었을 뿐입니다.

— 체 게바라, 모터사이클 다이어리 中에서…

일생에 단 한번
가슴뛰는 도전

GLOBAL
TRAILBLAZER

후기

독도레이서 2기 **최병길**
독도레이서 3기 **박 현**

여행이란 것은 무엇이길래
이렇게 매혹적일까요?

- 독도레이서 2기 최병길 -

종석이가 인도에서 '새로운 생각?'을 만났듯이 저도 여행에 대한 '새로운 생각?'을 만났던 곳은 인도였습니다.

2007년 1월의 어느 날 타지마할 앞에서, 저는 여행이란 것이 그저 '가서 보는 것'은 아니라는 생각을 하게 되었습니다. 파란 하늘 아래의 새하얀 대리석 건물을 보기 위해 가는 동안은 즐거웠습니다. 어스름한 새벽길을 뛰고 뛰어가서 꽤 비싼 입장권을 사고 성벽 옆을 지나며 걸음을 재촉했죠. 그런데 이미 북적이고 있던 타지마할 앞 문에 들어서자 복잡한 생각이 들었습니다. 수많은 블로그와 여행책자에서 본 광경과는 전혀 다르게, 타지마할 건물은 뿌연 안개에 의해, 타지마할 앞의 광장은 북적이는 사람들에 의해 가려져 있었거든요.

그것이 저의 마지막 '관광', 그러니까 명승지를 '가서 보'는 활동이었습니다. '가서 보'더라도 구글 이미지 검색에서 볼 수 있는 숱한 사진보다 못하다는 것을 깨달았으니까요.

그런데도 왜 여행은 이렇게 매혹적일까요?
아니 나는 그리고 어쩌면 당신은 왜 여행에 매혹을 느낄까요?

인도에 다녀와서 대학교 총학생회 선거관리를 맡았습니다. 함께 밤새 일하던 선배가 어슴푸레 밝아오는 새벽에 '사이드카를 타고 중국에 가면 재밌지 않겠냐?'라고 했을 때 가슴이 두근거렸던 것은 아마도 '중국'이라는 장소

보다는 '사이드카 타기'라는 행동 때문이었을 것입니다. 전 오토바이는커녕 다들 수능치고 따는 운전면허증조차 없는 사람이었지만, 오히려 그래서 졸렸던 눈이 번쩍 뜨였던 것 아닐까요.

우리가 여행이 매혹적이라고 느낀다면, 그것은 아마도 '익숙한 여기'에서 하지 않던 행동들을 '낯선 곳'에서 '낯선 사람들' 속에서 할 때 느끼는 그 즐거움 때문일 것입니다. 영화를 보면 여행지에서 처음 보는 사람과 사랑에 빠지고, 술에 취하고, 싸우기도 하며, 밤거리를 소리지르며 달리기도 하죠.
이곳에서는 하지 않던 행동을 하는 것만으로도 즐거움을 느낄 수 있다면, 좀 더 의미있는 일을 할 때는 더 큰 즐거움을 느낄 수 있지 않을까요?(사랑에 빠지는 것도 충분히 의미있는 일이지만요.)

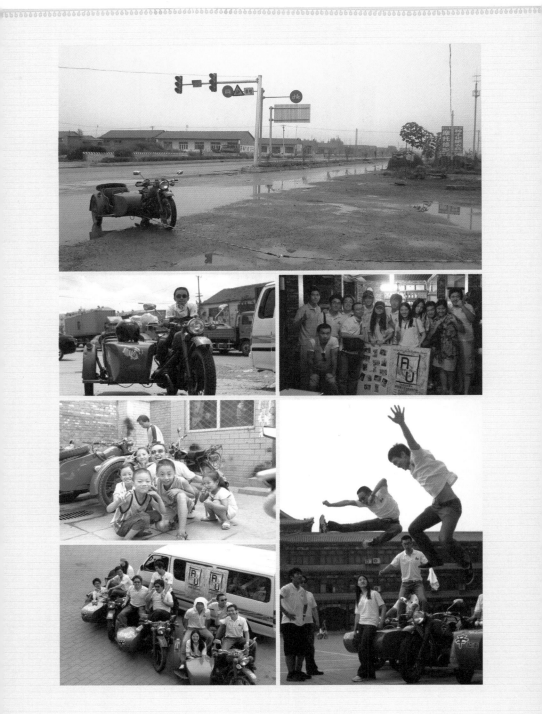

/ 스물넷, 인도에서 한국까지 걷다

그래서 저희는 중국에 가서 사이드카를 타고 다녔습니다. 그리고 만나는 사람들마다 한국과 중국과 일본이 평화롭게 지낸다면 정말 좋지 않겠냐고 이야기를 했습니다. EU를 따라서 Asian Union, 줄여서 AU라고 불렀죠. 예약해놓은 중국의 대학 강의실에서 쫓겨나면 대학교 피자집에서, 때로는 길거리에서 말이죠.

저는 그런 일들이 즐거웠습니다. 그래서 그 즐거움을 아는 사람들, 그리고 더 많은 이들과 그 즐거움을 나누고 싶었던 사람들과 함께 역사상 유래가 없(다고 알고 있)는 동아리를 하나 만들었습니다.

바로 서울대학교 도전동아리 Global Trailblazer입니다.

바로 종석이를 만났던 곳이고, (감사하게도) 종석이가 질투를 냈던 '독도레이서'들이 모인 곳입니다.

제가 군대에 있다 외박을 받아 동아리에 나왔더니 몇몇 사람들이 3학기씩이나 휴학하고 세계일주를 하며 독도를 알리러 나가겠다고 하고 있었습니다. 그리고 정말로 그들은 1년에 가까운 준비 기간을 거쳐 2009년 '독도가 달린다'라는 슬로건을 걸고 세계 일주를 시작했습니다. 바로 '독도레이서'입니다. 여행을 좋아하는 여행가라고 하기에는 썩 어울리지 않았습니다. 그들은 그곳에 있는 무언가를 보고 느끼러 간 것이 아니었으니까요.

　이런 사람들이 처음은 아니었습니다. 2006년에도 오토바이를 타고 세계
일주를 하며 독도 이야기를 했던 독도라이더가 있었거든요. LA의 한 동포
분의 표현에 따르면 '샌프란시스코도 못 가서 픽 넘어질 것 같은 작은 오토
바이에 자체 제작한 철가방을 얹고 무작정 달린 선배들'입니다. 그들의 열
정에 반해버려 그 분은 당신의 이름을 '독도'로 바꿔버렸습니다.(독도라이더
와 독도레이서들은 그 분을 밑도 끝도 없이 '삼촌'이라고 부릅니다. 정말 가족 같은 분이니
까요.) 다행히도 그 오토바이는 샌프란시스코는 물론이고 유럽을 지나 파키
스탄에서 중국으로 넘어가는 거친 비탈길도 훌륭히 넘어갔다죠. 사실 그 중
에 한 명이 저에게 "중국에 사이드카 타고 가면 재밌지 않겠냐?"고 물었던
선배입니다.

그리고 2009년에 출발한 독도레이서는 거의 1년 동안 미국부터 남미, 아프리까지 전세계를 누볐습니다. 도움이 있는 도시에서는 달리기 대회를 열었고, 큰 마라톤 대회가 있는 곳에서는 독도 이야기를 담은 홍보 배너를 등에 지고 달렸습니다. 하고 싶은 활동이 잘 안 되면 숙소에서 싸웠답니다. 답답하고 속상해서요. 아프리카에서는 (종석이가 만난 마스터 Lee같은!) 스승을 만나기도 했다죠.

또 물어봅시다.

도대체 여행이란 것은 무엇이길래 이렇게 매혹적일까요?

무엇이 저 사람들을 1년씩이나 빠져들게 만들었을까요?

군대에서 제대를 한 후에 '독도레이서 2기'를 함께 해보자는 권유를 들었을 때, 제 머릿속을 가득 채웠던 물음입니다. 왜 그들은 몇 학기씩 진로를 미뤄가며, 혹은 다니고 있던 직장도 버리고 세계를 돌아다녔을까요.

생각해보겠다는 말을 하고 후덥지근한 여름 밤 거리를 걸으며 자취방으로 돌아가면서 계속해서 답을 찾다가, 제 머릿속에 '즐거움'이라는 단어가 떠올랐습니다. 두어 달을 불태웠던, 정말로 불태웠다는 단어가 아깝지 않았던 중국에서의 기억이 살아났거든요.

중국을 다녀온 지는 3년이 지났지만 여전히 세계일주가 아니라 '독도레이서'에 끌렸습니다. 대학교에서 배우고 다듬은 내 생각들은 정말 옳은 것인지, 나는 세상에 변화를 가져올 능력이 있는지, 낯선 곳에서 직접 몸으로 부딪혀가며 실험해보고 싶다는 생각이 들었습니다.

독도에 대한 문헌자료들을 구해서 읽으며 정말 하고 싶은 이야기들을 정리했습니다. 마음이 맞는 팀원들을 구하고 더 많은 사람과 독도 이야기를 하기 위해 봉산탈춤과 사물놀이를 준비했습니다.

그렇게 모인 6명의 팀원들은 100번에 가까운 공연을 하며 전 세계 사람들에게 독도를 이야기 했습니다. 자동차를 타고 미국과 유럽을 횡단하며, 서너명을 모아놓고도, 수백 명을 모아놓고도 독도라는 섬에 대해 이야기를 했습니다.

직접 부딪힌 세상이 아름답기만 하지는 않았습니다. 팀원끼리 원 없이 싸우기도 했고, 얼굴도 보기 싫었던 시간들도 솔직히 있었습니다. 예산이 부족해서 식빵 한 줄에 양배추 한 포기를 사서 팀원들끼리 갈라먹기도 했습니다. 바게트 한 줄을 사서 길에서 나눠먹고 공연했던 일도 부지기수입니다.

　그 와중에도 교회 한 켠 또는 집 안방까지 잠자리로 내주신 분들, 우리의
이야기를 듣고 집에 초대해서 더 많은 이야기를 들어준 분들, 더 많은 사람
들을 만나 이야기를 할 수 있는 기회를 주신 분들 등 수없이 많은 감사한 분
들을 만날 수 있었습니다. 수많은 갈등 속에서 어떤 결정을 내릴 지 고민했
고 때로는 후회하면서 때로는 뿌듯해 하면서 하루하루를 마쳤습니다.

　그렇다면 도대체 그 '여행'이란 것이 무엇이길래
　이렇게 매혹적인 걸까요?
　우리는 왜 자꾸 떠나고 싶다고 생각하는 걸까요?

　사람들은 각자의 여행을 통해서 '변화의 기회'를 얻습니다. 누구나 여행을
떠나면 '가장 낯선 환경'에서 '가장 낯선 존재'가 됩니다. 불편하죠. 당연히. 주
변의 모든 것이 불안하니까요. 하지만 동시에 가장 자유로워집니다. 평소에
내 생각과 행동 사이에서 자리잡고 있던 수많은 익숙함들이 사라지니까요.
　그 자유로운 환경에서 사람들은 평소와는 다른 무언가를 하게 됩니다. 그
리고 변화를 느낍니다. 이렇게 해도 괜찮구나, 내가 이런 것도 할 수 있구
나. 그 자유로운 기분과 변화의 즐거움이 자꾸 우리를 여행에 끌리게 하는
것이 아닐까요.

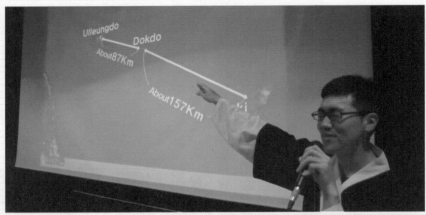

   우리가 했던 일이 쓸데없는 짓이라고 생각할 수도 있습니다. 어떤 사람들은 물어보죠. 그래서 뭐가 바뀌었냐고요. 그렇게 열심히 돌아다녔다는데 일본은 벚꽃이 필 무렵마다 또 독도에 대한 '망언'을 쏟아내곤 하니까요.

   전 이렇게 이야기합니다.
   "제가 바뀌었어요."
   "그리고 저와 함께 했던 동료들이 바뀌었겠죠."
   아무 것도 하지 않았다면 아무도 바뀌지 않았겠죠. 우리들의 활동은 우리들이 지금 할 수 있는 가장 큰 변화를 가져온 것인지도 모릅니다. 2010년 봄과 여름, 세계를 떠돌던 우리는 독도 이야기와 사물놀이를 통해 그 '자유'와 '변화'를 만끽했습니다.

   독도레이서는 변화를 꿈꾸는 후배들을 통해 그렇게 세 번째까지 흘러왔습니다.
   또 다음이 있을까요? 잘 모르겠네요.
   하지만 어딘가에서 자신과 세상의 변화를 꿈꾸는 사람들이 있다면 계속될 것이라고 생각합니다.

'독도레이서(Dokdo Racer)', 아직 모르고 계신가요?

– 독도레이서 3기 박현 –

blog.naver.com/dokdorace
facebook.com/dokdoracer3rd
dokdoracer3rd@gmail.com

'독도레이서 Dokdo Racer'는 전 세계를 무대로 활동하며, 독도가 '우리 땅'임을 알리는 청년들과 그 서포터즈의 모임입니다.

2006년 3월 ~ 2006년 10월
'독도라이더(Dokdo Rider)' 〈세계 21개국 모터사이클 일주〉

2009년 8월 ~ 2010년 7월
'독도레이서 1기' 〈세계 30개국 일주, 독도 마라톤 개최 및 풍물공연〉

2011년 2월 ~ 2011년 8월
'독도레이서 2기' 〈세계 26개국 일주, 사물놀이·봉산탈춤 등 다양한 전통문화공연〉

2014년 3월 ~ 2014년 8월
'독도레이서 3기' 〈세계 20개국 일주, 북청사자 탈춤 공연, 독도 세미나 개최 및 다양한 길거리 체험행사〉

　　독도레이서 1기의 주된 소재는 마라톤이었습니다. '독도에 대한 온 국민들의 마음이 뜨겁게 달린다'는 취지로 국내 및 각종 해외 현장에서 자체적으로 기획한 '독도레이스 Dokdo Race 마라톤 대회'를 성황리에 개최했습니다.

　독도레이서 2기는 '독도콘서트 Dokdo Concert'를 기획하여 풍성하고 수준 높은 전통문화공연 선보였습니다. 그러면서 전 세계에 '우리의 전통문화'와 '우리의 아름다운 섬 독도'를 알렸습니다.

　독도레이서 3기는 '북청사자 탈춤'을 주된 소재로 '독도 스트릿 Dokdo Street'이라는 길거리행사를 기획하였습니다.

　독도 레이서는 기획, 자금조달, 준비, 실행 등 하나에서 열까지 모든 일을 우리 스스로 계획하고 실천해 나갔습니다. 내가 꿈꿔왔던 일들을 동료들과 의논하면서 구체화하고 점차 현실로 만들어 가는 과정은, 진실로 '기쁨' 그 자체였습니다.

　물론, 그만큼 어려운 점도 많았습니다. 우선 처음 독도레이서 3기가 모두 모이는 것부터 쉽지 않았습니다. 독도레이서 3기는 이전 기수가 다음 기수를 모집하지 않았습니다. 그 대신 독도레이서로 활동하기를 원하는 사람들이 직접 독도레이서 이전 기수에게 연락했습니다. 따라서 과감하게 도전할 수 있는 친구들만이 독도레이서 멤버가 될 수 있었습니다.

　또한, 장기간(최소 6개월) 해외로 떠나야 하는 프로젝트이기 때문에, 그 기간 동안은 학업은 물론이거니와 친구, 연애 등 개인적인 모든 일들을 접어야 했습니다.

가장 어려웠던 점은, 역시 '독도레이서 활동 자금'을 마련하는 것이었습니다. 아르바이트로 충당하기에는 필요자금이 무척 부족했습니다. 그러나 부모님께 손을 벌리고 싶지는 않았습니다. 대신 선배들에게 조언을 구해서 후원사를 알아보고, '독도레이서 기획서'를 보냈습니다. 그런데 정말로 단 한 곳에서도 답장이 없었습니다. 독도레이서 출발 한 달 전까지도 아무런 연락이 없었습니다. 각자 아르바이트를 해서 모은 돈으로 어떻게 출발하는 비행기 표는 끊어놓았지만, 이후의 비용은 어떻게해야 할지 막막하기만 했습니다.

그러던 중 기적이 일어났습니다. 출발 3주 전, 한 독도 단체로부터 저희를 후원하고 싶다는 연락을 받았던 것입니다. 저희로서는 간절히 바라면 이루어진다는 말을 실감하는 순간이었습니다. 그렇게 저희는 6개월간의 꿈같은 여행을 떠날 수 있었지요.

독도레이서 3기의 활동

독도레이서 3기는 '북청사자 탈춤 공연'과 '독도 세미나 개최' 2개의 활동을 중심으로 이루어졌습니다.

먼저, 북청사자 탈춤 공연은 전 세계 어디에 가든 화제를 몰고 다녔습니다. 한 번은 미국 재즈의 본고장인 뉴올리언스에 갔습니다. 그곳에서는 사전에 허가를 받아야만 길거리 공연을 할 수 있었습니다. 물론, 이제 막 뉴올리언스에 도착한 저희가 사전에 허가를 받는다는 것은 불가능한 일이었습니다.

하지만 그렇다고 포기할 우리가 아니었습니다. 우리는 공연 준비를 하고 있던 한 밴드에게 즉석에서 합동 공연을 제안했고, 마침내 그 밴드의 승낙

을 얻어냈습니다. 그리고 뉴올리언스 시민들에게 감칠맛 나는 북청사자 탈춤을 선보였지요. 재즈 선율에 맞춘 사자 탈춤은 엄청난 박수갈채를 받았습니다. 공연이 끝난 뒤에는 함께 공연했던 밴드의 친구들이 '너희들 덕분에 본인들도 더 많은 주목을 받게 되었다'며 고마워했습니다.

다음으로, 독도 세미나는 독도에 대한 진실을 세계에 알리기 위해 기획한 행사입니다.

독도 세미나는 행사마다 참여자들의 국적과 나이에 맞게 독도가 한국의 영토임을 간단하고 명확하게 설명했습니다.

가장 심혈을 기울여 설명했던 대상은 외국에서 태어나고 자란 한국인 친구들입니다. 그들은 독도에 대해서는 알고 있지만, 독도와 관련된 쟁점이 무엇인지는 모르고 있는 경우가 많았습니다. 그래서 세계 곳곳에서 민간외교관의 역할을 할 수 있게끔 독도와 관련된 쟁점 사항들을 차분하게 설명해 주었습니다.

　한편, 한국에 대해 잘 모르는 외국인들에게는, 그들이 쉽게 이해할 수 있도록 독도와 관련된 영상과 사진을 적극적으로 활용했습니다. 그 덕분에 한국에 관심이 많은 외국인 친구들이 세미나에 많이 와주었습니다. 그 친구들은 메모까지 해 가면서 저희들의 이야기를 귀담아들어 주었습니다.

　그 후, 6개월간의 뜨거웠던 여정을 마치고 저희는 한국으로 돌아왔습니다. 한국에 돌아오니, 만나는 이들마다 '독도레이서 활동 중에 무엇이 가장 좋았냐고, 어디가 가장 좋았냐'고 질문했습니다.

　그때마다 저는 거짓말을 합니다. "미국이 내 스타일인 것 같아. 우유니 사막이 가장 좋았던 것 같아."

　그러나 사실 어디가 제일 멋있었고 어느 나라가 가장 인상 깊었는지 순위를 정하기가 싫습니다. 모두가 우열을 가릴 수 없는 소중한 기억이니까요.

DokdoRacer3
2014.03.01 - 08.15.